アメリカから遠く離れて

瀬川昌久
蓮實重彥

河出書房新社

まえがき

瀬川昌久というお名前は、わたくしのなかで、クロード・ソーンヒルの繊細きわまりないSnowfallのメロディとともに記憶されている。いまから十年以上も前に、いまは亡き息子の重臣が、この素晴らしいジャズ評論家の存在を、Snowfallの題名とともに耳打ちしてくれたのである。以後、幸いなことに、瀬川さんと何度かお目にかかり、対談をする機会にも恵まれた。大谷能生氏との共著『日本ジャズの誕生』（青土社、二〇〇九年）についてある著作で触れたところ、その文章がたまたまお目にとまったことで、お付き合いがはじまったのである。

その後、瀬川さんとの浅からぬ関係に思いもかけず驚かされた。氏のご次女がわたくしの息子とクラスメイトであったことにはじまり、瀬川さんとわたくしとが、小学校から大学までの同窓生であったことまで明らかになったのである。しかも、干支でいうと一回り違いの子年だったのには吃驚（びっくり）した。先輩と呼ぶべき瀬川さんはいつも若々しく振る舞っておられたので、年齢差はたかだか五、六歳と思っていたからである。

初めてお目にかかったのは、『瀬川昌久自選著作集』（河出書房新社、二〇一六年）に収められた対談の収録の折りだった。以後、シネマヴェーラでのトークショウなどの機会にお会いしていたが、瀬川さんが、ジャズのみならず、戦前から戦中にかけての日本映画もよく見ておられることを知ったのである。わたくし自身はジャズに詳しいとはとてもいえない人間だが、瀬川さんは映画を論じるにたる充分すぎるほどの見識をお持ちだったのである。

幸いなことに、この書物に収められた決して短くはない討論は、コロナ禍以前に終わっていた。だが、その編集作業は、コロナ禍中に行われねばならなかったのである。それにかかわられた多くの方々への謝辞は、瀬川さんによる「あとがき」に委ねさせていただく。では、『アメリカから遠く離れて』の討論をとっぷりとお楽しみいただきたい。

二〇二〇年十月二十日

蓮實重彦

アメリカから遠く離れて　目次

Ⅱ章 二〇一八年十二月二十一日――83

Ⅲ章　二〇一九年四月二日——155

Ⅳ章　二〇一九年四月二十六日——227

Ⅴ章　戦前の日本映画アンソロジー――299

アメリカから遠く離れて

Ⅰ章

二〇一八年十一月二十九日

日米戦争開戦夜に自室で爆音のジャズを聴き、両親にたしなめられたという瀬川昌久氏の逸話。その逸話に羨望したといわれる蓮實重彦氏。両氏再会の対談第一日目は、当該楽曲であるトミー・ドーシー・オーケストラの「カクテル・フォー・トゥー」の話題からはじまる。

「カクテル・フォー・トゥー」

瀬川　この前何かのトークショウで、トミー・ドーシー・オーケストラの「カクテル・フォー・トゥー（Cocktails for Two）」をかけて登場されたとか。僕は忘れちゃっていたのですが、よく曲名を覚えていてくださって。

蓮實　えっ、もうそんな話がお耳に届いているのですか？　ついせんだって、駿河台（するがだい）の「エスパス・ビブリオ」というブックカフェで、元同僚の工藤庸子（くどうようこ）さんがコーディネーターとなって『伯爵夫人』についてお話する機会がありました。そこで、この作品のはるかな起源のひとつとして、昭和十六年十二月八日の深夜に瀬川さんがお聴きになったという「カクテル・フォー・トゥー」をかけてもらい、いささか格好をつけて入場いたしました。

瀬川　よく音源がありましたね。

蓮實　ユーチューブで見つけました。

瀬川　ユーチューブですぐ出ましたか？

蓮實　いや、最初はグーグルで引いてみたのですが、ウィキペディアの長い説明やデューク・エリントン楽団の演奏などがあるだけでしたので、すぐにユーチューブに切り換えました。次に「Cocktails for Two」と「Tommy Dorsey」と打ってみたら、その二曲目に一九三八年製のアメリカのヴィクター・レコードのシングル盤がみあたりました。ことによったら瀬川さんが聴かれたのはこれではないかなどと想像して、嬉しくなってこの曲をかけてもらったのです。「カクテル・フォー・トゥー」については、のちに詳しく伺うつもりでおります。

瀬川　あまりLPにも入ってない音源で、トミー・ドーシーにしては非常にアップテンポでうるさい演奏なんです。僕はずっとこの曲が好きでしてね。

蓮實　それを開戦の日の夜に聴かれたのが、昭和十六年。そして、瀬川さんが軍隊にお入りになったのは昭和十八年ですか。

瀬川　いや、十九年。

蓮實　そうしますと、東条英機内閣の「学徒動員令」による「出陣学徒壮行会」の、あの雨のなかの大行進とは違うわけですね。

瀬川　はい。十八年が学徒出陣の第一年で、僕は第二年目。というのは十八年にはまだ十九歳だったんです。

瀬川昌久の幼少期

蓮實　……あの、瀬川さんの幼少期には、わたくしはまだ存在しておりませんから、ちょっとそのあたりのことを聞かせていただいてよいでしょうか。

瀬川さんは一九二四年のお生まれで、わたくしは一九三六年生まれ。干支でいうとちょうどひとまわり、つまり十二歳違いということになります。しかも、学習院の初等科、中等科、高等科から東大――そのころは旧制ですから東京帝国大学ですが――で学んでおられる。わたくしの場合は初等科まで旧制で、その後は新制となり、やはり中等科、高等科から東大に進み、瀬川さんは十二歳も年上の大先輩にあたります。お話しできて大そう光栄に思いますが、またちょっぴり緊張もしておりますので、よろしくお願いいたします……。

そうしますと、大正が昭和に変わるのが一九二六年ですから、大正時代のことはほとんど経験していらっしゃらないわけですね。

瀬川　ほとんど経験してないんです。一九二三年が関東大震災で、ちょうどその前に姉が一人、具合が悪くて一歳未満で亡くなってしまったんです。それで僕は二四年に生まれまして、その後二歳か三歳のころ、大正十五年から昭和二年ごろにかけて一年ちょっとぐらい、両親とロンドンにおりました。というのは、東京市が関東大震災の復興資金、いわゆる外債をフランス政府から借りて、当時わたしの父は東京市の職員だったものですから、その返済交渉の業務を命ぜられたんです。

蓮實　それなのにフランスには滞在されなかったわけですか。

瀬川　ええ、そうなんです。まあロンドンのほうが住みやすかったのでしょう。先に父が行きまして、すぐ母がわたしを連れて行ったんです。当時はまだ船でインド洋を通ってね。

蓮實　スエズ運河を通られた。

瀬川　そう、スエズを通って。ロンドンにハイドパークという有名な公園があって、その近くのマンションに住んでいたらしい。いまでも母と父と公園で寝そべっているような写真がたくさん残っています。父はその後、終戦までずっと東京市の職員をしていました。僕がよく覚えているのは、父が電車課長をしていた当時ストライキがあり、その収拾に市長さんや父がずいぶん苦労していたことです。

蓮實　わたくしの祖母がよく「東雲(しののめ)のストライキ」という歌詞が出てくる「東雲節」という歌を歌っていまして、それですよね。

瀬川　ええ。当時、東京市の市会議員さんはいろいろな権力を持っていて、彼らに好意をいだかれないと市の職員も出世しないというので、ずいぶん接触があったようです。しかも、市会議員さんは、当時からいろいろな疑獄事件もあって……。でもまあ、ロンドンにいる時は、しょっちゅうパリへ行って一週間ぐらい泊まって帰ってくる。その間、母と僕が留守番をしていたようです。当時、父と母は夜いろいろなお付き合いで出かけることが多かったようで、八畳ぐらいの子供部屋に鍵を掛けて、そこに僕を置いて出かけたらしい。お隣のイギリス人の家庭から、子供をそんなふうに監禁して出かけるのは良くないっていわれたと聞きましたけどね（笑）。部屋には手回しの蓄音機と、そこにレコードが何枚かあったので、毎晩のように、自分でレコードを回して聴いていたんです。父がパリで買ってきたシャンソンの、ミスタンゲットの曲で、いまでも覚えています。ミスタンゲットの「ミス」は、ずっと後まで女性の「Miss」かと思っていたらそうじゃないんですね。

蓮實　ミスタンゲットというひとつの名前なんです。

瀬川　当時、ミスタンゲットの「サ・セ・パリ」は有名で、日本の宝塚もすぐに取り入れていました。非常に賑やかな、「♫パリ〜、らららら〜」って。

蓮實　ええ、「♫ Paris c'est une blonde 〜」ってやつですね（笑）。はあ、ロンドンでミスタンゲットをお聴きになったんですか。それは素晴らしい（笑）。おいくつのころなんですか。

瀬川　ですから、三歳になるかならないか。

蓮實　（笑）。

瀬川　三歳の中ごろに日本に帰ってくるんですが、もうひとつ覚えているのが、アメリカのミュージカル『サニー』のなかの「フー（Who）」って曲です。アメリカのブロードウェイ・ミュージカルはヨーロッパにも頻繁に来ていて、当時ロンドンでちょうど『サニー』が上演されていて――これはジェローム・カーンという作曲家が作詞・作曲したミュージカルですけど――そのなかの「フー」という曲も毎日かけていたので、「サ・セ・パリ」と一緒に覚えちゃったんです。「Who stole my heart away, who」という、「誰がわたしの心を奪ったのか」という歌詞なんです。そのころ英語は全然わからないのに、その言葉だけは覚えちゃった。「Who stole my」の後の、「heart away」がハータウェイって聞こえるので、そう覚えた記憶がありま す。その曲は母が好きで買ってきたレコードで、母がしょっちゅう歌っていて、日本に帰ってからも、次の二番目、三番目の弟が生まれた時に、毎晩あやしながら子守唄代わりに「Who stole my heart away, who」って歌ったらしい。弟二人はジャズなんてほとんど興味がないのに、この「フー」のメロディだけは覚えていて、よほど子供のころに母から聴かされたのだろうと思います。

電車の車掌の真似をする瀬川少年

蓮實 そのころ瀬川さんはご両親を何と呼んでらっしゃいましたか。

瀬川 やはりパパ、ママですね。

蓮實 わたくしの場合は幼稚園の時に、敵性言語を使ってはいけないから、今日からパパ、ママはやめましょうという宣言がありまして、お父様お母様と呼びましょうというんですけど、誰も呼べないわけですよ（笑）。瀬川さんもやはりパパ、ママと呼んでいらしたんですね。日本にお戻りになって、幼稚園はいらしたんですか。

瀬川　ええ。戦前は学習院の幼稚園は華族しか入れなかったので、わたしもいちおう平民ですから、当時わりに評判の麹町（こうじまち）幼稚園というところに一年か二年通いました。その後、学習院の初等科と高師附属と、両方受けたんです。当時は東京高等師範学校附属と呼ばれており、その後、東京教育大学附属、まあいまでいえば筑波大付属となりますが、瀬川の本家はみんな附属で、母のほうはみんな学習院に通っていたんです。ところが母方の祖母が、当時大変な権力を持っていて、学習院に入れないと絶交だとか何とか、おふくろが脅かされて（笑）。それで学習院に入ったということらしい。学習院と附属は昔から非常に仲が良くて、いろいろな競技も全部特別な対抗戦でやっていました。

蓮實　スポーツは何かなさったんですか。

瀬川　はい、わたしは中学から庭球部に入りました。

蓮實　じゃあ附属とテニスの試合をなさったわけですね。

瀬川　ところが附属には庭球部はなくて、一番印象がある試合はインターハイです。同期に非常に強いのが何人かいて、インターハイの準決勝で大阪まで行った記憶があります。

蓮實　弟さんも野球をやっておられましたし、スポーツ一家ですねえ。そのころからいまのところ（新宿区）にお住まいでいらっしゃるんですか。

瀬川　いえ、ロンドンから帰国後は、一度鎌倉に住んで、幼稚園に入るのでいまのところに移りました。ちょうどそこには瀬川家のほうの祖母が住んでいて、一緒に住みました。

蓮實　そのころは何区ですか。

瀬川　えーと、文京区とか新宿区とはいわず、たしか牛込区ですか。ですから、いまでも牛込柳町という駅です。

蓮實　メトロの駅にもなっておりますね。

瀬川　はい。

蓮實　すると、初等科まではどのように通われたんですか。

瀬川　当時、路面電車がありまして、牛込柳町から飯田橋で乗り換えて、四谷へ通っていました。

蓮實　ほんの少しの区間ですね。

瀬川　ええ。当時、僕は車掌さんの真似をするのが大好きで、車掌さんが持ってるあの鋏（はさみ）ね。切符を一枚取り出しちゃあ、パチンとこう押して、お客さんに渡す。その鋏が欲しくってね。ちょうど父が東京市で電車課長をしていたので、車掌さんが使った古いのをもらってきて、うちで真似をしていた覚えがあります。

蓮實　わたくしが記憶しているのは、市電で飯田橋から品川までという系統がありまして、たぶん三番といったと思うんですが……。

瀬川　ああ、ちょっと番号は記憶にないです。

蓮實　わたくしも当時の路線図を調べて、飯田橋と品川は三番じゃないかなあと思ったらやはりそうなんです。

瀬川　その線はずいぶん遠くまで行ってたんですね。

蓮實　ですから、それにお乗りになると、瀬川さんが幼少のころによく映画を見に連れて行かれたという、芝園館(しばぞのかん)の近くも通るんです。

瀬川　ああなるほど。じゃあそれで行ったのかな。

蓮實　そうじゃないかと思います。わたくしの場合は、当時、祖父の家に住んでおりましたから……。

瀬川　どちらに。

蓮實　三河台、六本木です。三河台から三十三という系統で初等科まで通っていました。この系統は四谷塩町から浜松町一丁目までなんです。それに乗り、天気のいい日は権田原(ごんだわら)で降りて歩いて行く。雨が降ったりすると、塩町まで行って、乗り換えて四谷見附まで行く。急いでいる時は、信濃町から省線に乗って行ったりしました。

瀬川　何しろ路面電車の時代ですからね。

蓮實　はい、ある時期からは非常に精巧に路面電車はあって、乗り換えたりするとどこへでも行けたんですね。えーと……当時は市電と呼んでいた路面電車のこういう路線図がありまして……

瀬川　ああ、路線図ですか……たしか飯田橋から牛込柳町へ来る電車は、そのまま車庫があった新宿の角筈まで行っていましたよね……とにかく車掌さんの真似をするのが好きでね（笑）。

ラジオと蓄電とふたりの伯父

蓮實　お宅にはラジオというものは普通に存在しておりましたか。

瀬川　ラジオはずっとありました。

蓮實　日本放送協会で最初に放送したのが一九二五年ですから、それから十年、いやもっと早く、四、五年経ってからお聞きになるわけですか。

瀬川　ええ。日本放送協会には、昭和三年あたりから例の堀内敬三さんという方がいたんです。彼は日本橋の問屋さんの息子で、家業の技術を勉強しにアメリカへ行ったところ、好きな音楽を勉強して帰って来られたという……

蓮實　その方がＮＨＫというか、日本放送協会で何かやってらしたわけですか。

瀬川　はい、ＮＨＫの音楽部門を牛耳っていたんじゃないでしょうか、堀内敬三は。戦争まで非常に権力を持っていて、要するに、わたしが好きだったジャズを禁圧したのは堀内敬三。だから、堀内敬三はジャズ界にとってはもう……

蓮實　許せない（笑）。

瀬川　（笑）。

蓮實　それと、いわゆる電蓄、電気蓄音機という大きい、手回しではないもの、あれもお宅にありましたか。

瀬川　うちには手回ししかなかったです。祖母のうちにはでっかい電蓄があって、伯父が非常にクラシック好きでたくさん聴いたので、僕は勉強に疲れると毎週、自分のジャズ・レコードを持って行ってかけていました。立派な、おそらくヴィクターのですかね。

蓮實　はい、いまの電気洗濯機ほどの大きさでした。電蓄なんて言葉は現代の若者が聞いてもわからないでしょうね（笑）。わたくしの場合も祖父のところにはありまして、父と母が独立して世田谷に行ったら、もう手回しのものしかなかったんです。ところで、いまのお話を聞いておりますと、瀬川さんのご両親とは別に、ご親類で何か違う世界を見せてくれるような若い方がいらしたわけですか。

瀬川　ええ、祖母の家にはわたしの母の兄がふたりいたんですよ。

蓮實　じゃあ伯父様に当たるわけですね。

瀬川　このふたりの伯父は、ひとりは慶應（けいおう）で、もうひとりは東大だったんですが、ダンスホールに盛んに通っていました。伯父のところへ行くと友達が来ていて、どこどこのダンスホールの誰はかわいいとか、しょっちゅうそんな話をしていたり、宝塚にもみんな通っていて、そういうレコードもいっぱいありました。

それで結局、上の伯父はダンスホールで知り合ったハイカラな女性と結婚しちゃった。それから、二番目の伯父は商工省に勤めて鉱山局の官吏になって、ダンサーと結婚したんですが、そのことで祖母からは勘当されました。お嫁さんの顔を見るのも嫌だと。要するにすごくうるさい祖母だったので、伯父たちはずいぶん苦労したみたいです。でも当時はそこに行くと、そういう友達がいっぱい集まって、宝塚だ、ダンスホールだという話がもうしょっちゅう飛び交ってました。

蓮實　それを幼い瀬川さんが聞いてらしたわけですね（笑）。

瀬川　そう、羨ましく聞いてたの（笑）。

蓮實　先ほどお姉様が早く亡くなられたと伺いましたが、ではご長男ということになるわけですよね。

瀬川　そうですね。

蓮實　ご長男としての心構えのようなものは、何かご両親からしつけられたというようなことはありますか。

瀬川　そうですね、やっぱり、長兄として、両親の教えを守らなきゃいかん、という意識はありました。戦争中は、食べるものも、なるべく弟に譲ってやりたいというようなことも何となくありました。特に一番下の弟が、非常にいたずら好きで、いろいろ勝手なことをしていたので、悪いことをしないようにね。

蓮實　あ、悪いことをしないように、餌付けされた（笑）。

瀬川　（笑）。

学習院時代の先生と沼津の思い出

蓮實　学習院初等科に入られた時には、もう乃木将軍が殉死されてから十数年経っていたころだと思いますが、当時、まだ乃木将軍の遺訓のようなものは何となくあったんでしょうか。

瀬川　乃木さんの住んでおられたところが、すぐそばにありましたよね。

蓮實　はい、目白の正門を入って左のところに。

瀬川　あの近くにパンかなんかを買える売店があったりして、しょっちゅうそこを通ると、乃木さんのところに行く前からいろいろ遺訓のようなものが書いてありました。内容はまったく覚えていませんけど。

蓮實　それは中等科に入られてからですね。

瀬川　ええ。あのころの先生というのは本当に立派な方が揃っていて、みな東京高等師範卒業のトップが来てくださっていたようで、それぞれ非常に立派な先生でした。

蓮實　そのうちの先生方の何人かは、わたくしの初等科時代にもまだちらりと残っておられました。わたくしには教えていただけませんでしたけど。

瀬川　ああ、秋山幹先生もそれから鈴木弘一先生もいらっしゃいましたか。

蓮實　はい。秋山先生という方はその後初等科長になられました。

瀬川　ええ。それから、今の天皇（現・上皇）の担任に。

蓮實　そうそう。

瀬川　ですから、あのころは、六年間の担任がずっと同じだったのが、皇太子が入られる時に、ちょっと順番が狂ったんです。秋山先生が皇太子殿下の担任になられて、その後は初等科長にもなられた。非常に面白い先生でした。

蓮實　あの、泳ぎがうまかったのは、あれは秋山先生じゃなかったかな。何とか流という流儀で……ああ、あれは違う先生でしたか……何かそういう記憶があります。

瀬川　猿木（さるき）恭経（たかのり）先生っていう……。

蓮實　ああそうそう、猿木先生、泳ぎは猿木先生です。猿木先生は中等科長になられて、それで混同しておりました。

瀬川　じゃあ、沼津へもいらっしゃいましたか。

蓮實　はい。

瀬川　沼津は毎年夏になると非常に楽しみでした。宿舎があって、夏休みにそこへ一週間ぐらいみんな合宿して、水泳を習うんです。初等科の三年か四年からでした。

蓮實　その猿木先生という方が泳ぎの何とか流の大家なんです。
瀬川　何か平泳ぎのような……たしか、小堀流といいましたね。
蓮實　そうです、なるべく音の出ない泳法の。
瀬川　そうですね、結構遠泳をやりました。あの合宿で思い出すのは、夜になると外出できたことです。夕食が終わると、ちょっと一時間か二時間、外へ散歩に行ったりして、その時に必ずみんなで揃って先生のとこへ行って、これから外出してまいります、とかいって頭を下げて（笑）。そういって出かけるのが普通でした。帰ってくると、ただいま帰りましたっていう（笑）。
蓮實　わたくしの印象に残る沼津体験は夏ではありません。戦後、東京の家が焼けたりして、住めなかった人たちを集めて昭和二十年の秋から二十一年の三月まで、沼津の遊泳場で授業が行われ、その印象が強いんです。疎開先の長野県から東京へ帰り、その後、戦後ですから大変混んだ列車で母に連れられて沼津の遊泳場に行き、半年間そこで暮らしました。そしてその時に、教科書に墨で黒い線を塗るというのをやらされたんです。
瀬川　それはつまり戦前の教科書ですね。
蓮實　そうです、戦前の教科書に墨を使って。
瀬川　ああ、そうですか。
蓮實　はい。ですからわたくしはもう教科書というのは絶対に信じないことにしたんです

（笑）。

瀬川　おそらく新政府命令で指令が出たんでしょうねえ。お泊まりになったのはどちらに。

蓮實　遊泳場の宿舎に泊まるんです。冬ですから結構寒かったりしました。

瀬川　寒かったでしょうねえ。

蓮實　寮母さんが夜中の三時ぐらいに起こしに来てくれて、みんなでお小水をしに行ったり、そんな生活をしておりました。一学年二十人から三十人おりましたが、九月から三月までの半年が非常に長く感じられました。その間、まず、進駐軍にはまったく会わない。進駐軍からは完全に切り離されていて、ああ、東京に帰ればチューイングガムが嚙めるのになあ、なんていいながら（笑）、そこにいたことがあります。

瀬川　お食事もそんなにいっぱいなかったでしょう。

蓮實　はい、スケソウダラとかそういうものばっかりで。そんな生活をしておりました。

瀬川　そうですか。初等科の……。

蓮實　三年の後半ですね。

瀬川　じゃあ沼津の遊泳生活はもうそのころはなかった。

蓮實　初等科時代はなくて、中等科や高等科ではありました。

瀬川　ああやはりね。遊泳のうまい先輩が教えてくれて、遠泳でずっと沖まで行くんです。

蓮實　たしか御用邸の沖に淡島という島がありましたね。現在はリゾート施設となっているようですが、中等科時代の遠泳は、その島を一周して牛臥(うしぶせ)海岸まで戻ってくるという行程でした。当時の沼津湾の海は途方もなく水が澄んでおり、水深十メートルほどの海の底に、海蛇や平目のような魚影が射してくる陽光に映えてはっきりと見えて、何とも爽快な体験でした。おそらく、瀬川さんの時代もそうだったと思います。

瀬川 そう、みんな懲(こ)りずに行くんです（笑）。

蓮實 それでもやはりわたくしの沼津体験といえば、東京にいる連中はみんなＧＩの音楽なんかを聴いたり、ガムを噛んだりしていたのに、われわれはまったくそれから断ち切られて、ひたすら墨で教科書を塗る生活だったことに変わりはありません。

あの、ところで、初等科に入られてすぐに平岡さん〔三島由紀夫の本姓〕とは知り合われたのですか。

瀬川 ええ。でも、クラスは東組と西組に分かれていて、わたしは西組で、秋山先生。彼は東組で、鈴木先生でした。鈴木先生は国文の専門の先生で、秋山先生は数学の先生。

蓮實 そうでした。

瀬川 ですから、彼が子供の時から文学が好きだったのは先生の影響もあるかもしれない。遠足とかは一緒だったんですが、ただ彼は、体操は全部休んで、見るんです。あれ何ていったっけな……。

蓮實 ……「見学」？

瀬川　ああ、そう、「見学」（笑）。もう体を動かすものはほとんど見学なんです。で、シラッコシラッコっていうあだ名が付いて。悪い奴がいましてねえ、ちょっと、いじめたりしましたけど。ま、いじめっていっても、あのころはいまみたいな悪質ないじめじゃないんです。まあちょっとこう、からかうような。

蓮實　色が白いんですか。

瀬川　わりに白かったんでしょう。

蓮實　親しくなられたのは中等科に入られてからなんですか。

瀬川　はい。中等科で、たしか、一緒に文芸部かなんかに。

蓮實　ああ、何先生でしたっけ。

瀬川　はい、清水文雄（しみずふみお）先生。

蓮實　日本浪曼派（にほんろうまんは）の『文藝文化（ぶんげいぶんか）』の同人だった方ですね。じゃあ、瀬川さんも文芸部に。

瀬川　ええ、わたしはそんなに熱心じゃなかったけど、弁論の発表会みたいなのがありまして、それはやったような記憶がございます。

学習院時代の部活動

蓮實　わたくしが瀬川さんと若干違うのは、中等科が目白でなく、戸山だったことです。

瀬川　じゃあ女子学習院のあるところですね。

蓮實　ええ、現在の女子部のあるところに、ひどい掘っ立て小屋みたいなのがありまして、そこで三年間、女子と一緒で。

瀬川　ああ、女子と一緒で。

蓮實　校庭も全部一緒で。

瀬川　じゃあ、クラスも。

蓮實　いやいや、クラスは別でした。建物も別なんですが、休み時間なんかは女子にも会える、という生活をしておりました。

瀬川　ああ、中等科は目白にできなかったんですね。

蓮實　校舎が焼けてしまって、目白には高等科しかなかったので、わたくしが目白に初めて足を踏み入れたのは、高等科からです。ですから、中等科の戸山時代に陸上競技で優勝した時の表彰は新宿区のものです。

瀬川　何の種目で優勝なさったんですか。

蓮實　円盤投げです。中学時代に円盤投げをやる学校なんてあまりなかったのですが、それを薦めたのはわたくしの父でした。父は東京生まれでしたが、軍人だった祖父の勤務先の静岡で中等教育を受け、旧制の静岡高校から京大の美学に進みました。わたくしに似て大柄で、中学高校時代は陸上競技をしていたと聞いております。京大時代は、中井正一（なかいまさかず）氏がコックスを務めるボート部に入り、琵琶湖でオールを漕いでいたといいますが、砲丸投げや円盤投げに対する郷愁を持っており、わたくしが中学に入ると、当時は珍しかった円盤や砲丸を早速買ってくれ、投げてみろというので見様見真似で投げてみると、結構飛んだのです。それに味をしめて中等科時代から高等科にかけて、陸上競技ばかりやっておりました。わたくしも野球は好きでしたけれど、野球部へ進むのは野球バカだと。だから、われわれは陸上競技のほうをやろうといって、附属戦にもずいぶん出ました。

瀬川　陸上部ですと、部長先生は……

蓮實　菅原鎌三郎先生。あの、戦後、まだ列車が蒸気機関車だったころ、列車の停車後は駅に結構長く停まっておりましたよね。

瀬川　はいはい。

蓮實　その時の駅での体操を考え出して、あたしの体操、何々線で流行ってるぞ、今度軽井沢行く時にはあたしの体操をやってみろ、とかいう先生だったと記憶しております（笑）。

瀬川　ああそう（笑）。じゃ、陸上部では円盤投げを専門にしておられたんですか。

蓮實　わたくしは円盤投げと砲丸投げです。

瀬川　ああ、じゃあとにかく投げるほう。

蓮實　いや、跳ねるほうも、走り高跳びも。

瀬川　わたしの一番下の弟も陸上部でした。陸上部は先輩もえらいっていうか、立派な人がたくさんいました。

蓮實　そうなんです、ロンドンのオリンピックで金メダルを取られた織田幹雄さんのご子息が一年上におられたりしました。附属戦でも勝ったり負けたりと、負けっ放しの弱いところではありませんでした。

戦前の学生バンド

蓮實　瀬川さんはその当時、もちろん、テニス仲間もおられたわけですね。

瀬川　はい、庭球部。

蓮實　その方々とはいまだにお付き合いはありますか。

瀬川　やはり一緒に部活動をしたので非常に親しくしていて、特に音楽の好きなのが当時おりましたので。わたしの三つぐらい上に、三井家本家の三井高公さんという先輩がいましたが、合宿なんかには三井さんがレコードをいっぱい持って来て、休憩時間にかけたりする。そういうのを聴いたりね……。

蓮實　それは手回しですか。

瀬川　ええ、手回しです。

蓮實　庭球部で音楽にもお近づきになれたわけですね。

瀬川　ええ、そうなんです。芝小路豊和さんと原田敬策さんという先輩のふたりが、高校生のころからハワイアンをやっていて、ほとんどプロ並みでした。芝小路さんはビング・クロスビーみたいな歌が得意でね。ちょうどそのころ、朝吹英一さんがリーダーをしていた「カルア・カマアイナス」というハワイアンのアマチュア・バンドに、ふたりして、ギターとボーカルで入られたんです。わたしが中学のころには、もう日比谷公会堂なんかで発表会をやっていました。

蓮實　それ、学習院の方ですよね。

瀬川　そうです。

蓮實　学習院の高等科時代に日比谷公会堂で発表会をやっておられたとは……。

瀬川　学習院同窓会の桜友会の大会でも、そういう人たちがバンドを組んでやっていました。その「カルア・カマアイナス」というバンドはもうプロ級で、リーダーの朝吹英一さんはもともと木琴の専門家だったようですが、ハワイアンのスティール・ギターに興味をもって勉強されて……。

蓮實　慶應の方ですね。

瀬川　そうです。朝吹さんがスティール・ギターとヴィブラフォンで、しかも作曲が非常に上手で、コロムビア・レコードからレコードを出したんです。それが昭和十七年、戦争が始まった直後。内容は非常にジャズ的なサウンドやリズムになっているんですが、戦中にコロムビア・レコードがよく出してくれたと思うんです。ジャズ的な曲でも日本語のオリジナルですから、日本の曲ということで、まあ、検閲を通っちゃったらしい。庭球部を通じて音楽仲間がずいぶんありました。

蓮實　庭球部と音楽は、何となく結びつく感じがわかるような気もします。やはりモダンなんです。そのころから瀬川さんは、もちろん外国のジャズ・レコードをたくさん聴いておられたり、映画も見てらっしゃるんですが、同時に日本人の歌や音楽をけっして軽蔑なさってなかったんですね。

瀬川　そうですね、はい。

蓮實　大体そういうものは猿真似だというふうに考える人たちが多いのに、瀬川さんはそうは思わず、これはわれわれなりの表現だというふうに捉えていたわけですか。

瀬川　まあ、友達でハワイアンをやったりするのも多かったし、あと、これはちょっといろいろ書いたりしたんですが、当時はアメリカから来た日系の女性や男性のミュージシャンがハイカラでね。

蓮實　川畑文子（かわばたふみこ）さんですか。

瀬川　ええ。他にも、ベティ稲田（いなだ）とか森山良子（もりやまりょうこ）のお父さんの森山久（もりやまひさし）。彼はトランペッターで歌も歌ったんです。そういう日系の人はやっぱりハイカラなんです。ハリウッドの俳優と同じような魅力があって、それに、わりにみんなハンサムでね。当時、日系のミュージシャンたちが日本語と英語と両方をちゃんぽんで歌ったレコードがどんどん出て、ちょうどあれは昭和八年の暮れごろ、小学校の四、五年ぐらいでしたか、銀座なんかを歩くと、そういうレコードの音楽がずっと流れていて、ああこれは素晴らしいなあと思った記憶があります。

蓮實　九歳にしてそう思われたというのだからすごい。川畑さんという方は踊りも上手だったとか。

瀬川　そうなんです。タップダンスと、それからアクロバット的なダンスも……。

蓮實　ベリーダンスみたいなものですか。

瀬川　ええ、とても柔軟で、背中が床に着いちゃうようなダンスです。当時はすごく人気があったんだと思います。

蓮實　それはどういうところに見にいらしたんですか。

瀬川　おそらく、当時、実演は見てないんだと思います。レコードを聴いて、それでレコードを買ってもらって記憶している。

蓮實　でも、九歳の少年が、川畑文子のレコードを買ってくれって、お父様お母様におっしゃるわけですか（笑）。

瀬川　要するに、そのなかに「フー」があったから。川畑文子が「フー」を日本語と英語で歌っていて、それで両親に頼んで買ってもらったんです。当時から、銀座などに古レコード屋があって、ちょっと安く売っていました。中学ぐらいになると、よくそこへ通っちゃあ安いのを探し求めたりして。

蓮實　当時、銀座へはやっぱり市電で出かけられたんですか。

瀬川　ええ、そうだと思います。両親に連れられて銀座を歩くのが、もう嬉しくて。クリスマスなんかも連れて行ってくれました。銀座へ行くと資生堂で食事をして、それから映画を見に、芝園館へ連れて行ってもらった記憶があります。

古き良き時代の映画館　芝園館の思い出

蓮實　いま芝園館のお話が出ましたが、こういうものを見つけました。芝園館の当時のプログラムのコピーです。これは一九二七年なので、まだまだ瀬川さんは行ってらっしゃらないころだとは思いますが。

瀬川　もうこのころから芝園館はやってたんですね。古い映画を非常にハイカラな形で上映していました。しかも当時、座席がわりにきれいでね。両親がもっぱらよく連れて行ってくれて。ああ、この時代はまだ無声映画でしょう。

蓮實　二七年ですから、サイレントなんです。それで、間に演奏がある。

瀬川　なるほど。「奏楽」っていいまして、僕は当時、実際には見てないんですが、映画の間に小さなオーケストラが、セミクラシックみたいな曲を演奏していたそうで、芝園館はそうし

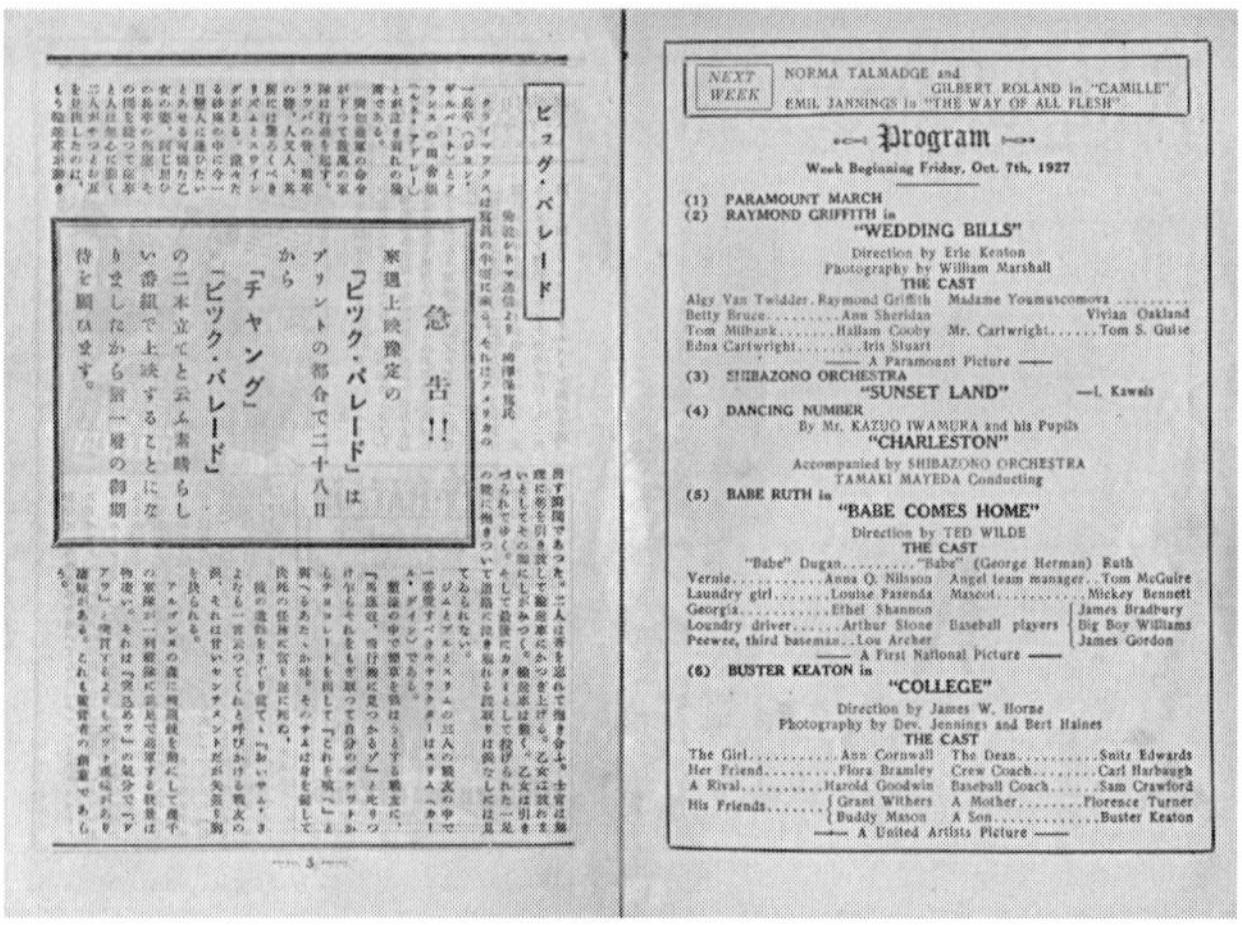

ビッグ・パレード

急告!!

来週上映豫定の「ビック・パレード」はプリントの都合で二十八日から「チャング」「ビック・パレード」の二本立てと云ふ素晴らしい番組で上映することになりましたから猶一層の御期待を願ひます。

NEXT WEEK NORMA TALMADGE and GILBERT ROLAND in "CAMILLE"
EMIL JANNINGS in "THE WAY OF ALL FLESH"

Program

Week Beginning Friday, Oct. 7th, 1927

(1) PARAMOUNT MARCH
(2) RAYMOND GRIFFITH in

"WEDDING BILLS"

Direction by Eric Kenton
Photography by William Marshall

THE CAST

Algy Van Twidder..Raymond Griffith
Betty Bruce..........Ann Sheridan
Tom Milbank..........Hallam Cooby
Edna Cartwright..........Iris Stuart
Madame Youmuscomova..........Vivian Oakland
Mr. Cartwright.......Tom S. Guise

—— A Paramount Picture ——

(3) SHIBAZONO ORCHESTRA

"SUNSET LAND" —I. Kawais

(4) DANCING NUMBER

By Mr. KAZUO IWAMURA and his Pupils

"CHARLESTON"

Accompanied by SHIBAZONO ORCHESTRA
TAMAKI MAYEDA Conducting

(5) BABE RUTH in

"BABE COMES HOME"

Direction by TED WILDE

THE CAST

"Babe" Dugan.........."Babe" (George Herman) Ruth
Vernie............Anna Q. Nilsson
Laundry girl........Louise Fasenda
Georgia............Ethel Shannon
Loundry driver.......Arthur Stone
Peewee, third baseman..Lou Archer
Angel team manager...Tom McGuire
Mascot............Mickey Bennett
Baseball players: James Bradbury, Big Boy Williams, James Gordon

—— A First National Picture ——

(6) BUSTER KEATON in

"COLLEGE"

Direction by James W. Horne
Photography by Dev. Jennings and Bert Haines

THE CAST

The Girl............Ann Cornwall
Her Friend.........Flora Bramley
A Rival...........Harold Goodwin
His Friends.......Grant Withers, Buddy Mason
The Dean...........Snitz Edwards
Crew Coach.........Carl Harbaugh
Baseball Coach.......Sam Crawford
A Mother.........Florence Turner
A Son..............Buster Keaton

—— A United Artists Picture ——

芝園館のプログラム、1927年

た催しを丁寧にやっていたんだと思います。

蓮實　これを見ると、プログラムが全部英語で書いてあるんです。

瀬川　なるほど……ああ、シバゾノオーケストラ“SHIBAZONO ORCHESTRA”、サンセットランド“SUNSET LAND”なんて書いてあります。この芝園管弦楽団の指揮者の前田璣さんは、のちにNHK交響楽団のコンサートマスターになった人ですね。あ、弁士の大辻司郎さんの名前もあります。すごいね。

蓮實　インターネットで芝園館で検索したら、これひとつだけ、二七年のプログラムの冊子が出てきたので、参考になるかと思って。

瀬川　素晴らしいです。あ、チャールストン“Charleston”って文字もあります。ああ、岩村和雄舞踏団の舞踊も。すごい、一九二七年、昭和二年に、もうちゃんとチャールストンのダンスをやってる。ここには和田肇選曲って書いてありますね。レイモンド・グリフィス“Raymond Griffith”、ウェディング・ビルズ“Wedding Bills”ね……あ、波多野福太郎、この方も有名な指揮者で、のちに帝国ホテルのオーケストラを率いて出たことがある……松井翠声が説明で……はああ、プログラムで映画と音楽の演奏の二本立てだったことがわかります、すごいね……次の頁には、エディ・カンター“Eddie Cantor”の『飛脚カンター（Special Delivery）』（一九二七）が来週上映、『ファイアマン、セイブ・マイ・チャイルド（Fireman, Save My Child）』が『弥次喜多消防の巻』（一九一八）と邦題がついて、『ザ・ウェイ・オブ・オール・フレッシュ

(The Way of All Flesh)』(一九二七)は『肉体の道』という邦題が付いてる……。ですから、芝園館はこの時からずっと戦争中もやっていて、それでとってもいい映画をかけていたんです。

蓮實　ラオール・ウォルシュの『カルメン(Carmen)』(一九一五)とかもかけていて、素晴らしいものなんです。で、その最初のプログラム一覧は、映画の題名は全部英語で書いてある。日本語に訳さないで書いてあるんです。

瀬川　英語の題だけですね。

蓮實　ええ。わたくしども、子供のころそういうものはプログラムと呼んでいたんですけど、いまはパンフレットっていうんですね。

瀬川　そうですね。

蓮實　フランスに行ったら劇場で、女の人が掲げて「プログラーム!」と大声で売っている。だからプログラムというので正しいということがわかりましたけれど、この芝園館のプログラムは、ちょっと見て感動しました。

瀬川　戦前のこういうデザインというのはじつにしゃれてるんですよ。やっぱり大正時代に非常に文化が洗練されたのね。ああ『チャング(Chang: A Drama of the Wilderness)』(一九二七)なんてのもある、それに『ビッグ・パレード(The Big Parade)』(一九二五)、ああすごい。

蓮實　素晴らしい映画です、『ビッグ・パレード』。

瀬川　表紙の絵もしゃれてるねえ……まあ、これがずっと大正の末から昭和年代まであったんですね。芝園館というのは大したもんです。

蓮實　同じような映画館が、たしか溜池にもあったようです。瀬川さんは、芝園館に行かれたのは初等科時代ですか、それとも……

瀬川　ええ、初等科から両親が連れて行ってくれました。

蓮實　考えてみると、小学生が見てはいけないような映画もあったと思うんですが。

瀬川　そういうのはきっと、両親が調べて行ったんじゃないかと思います。

蓮實少年の映画初体験『ターザンの猛襲』

蓮實　わたくしの場合は、父がわたくしの五歳の時から戦争に取られておりましたので、幼い時期に父と一緒に映画を見たという記憶はほとんどありません。母に連れて行かれただけでした。それで、確実に覚えているのは、帝劇で見たのだと思いますが、『ターザンの猛襲(Tarzan Finds a Son!)』(一九三九)という映画です(笑)。普通に子供にはこんなものを見せておけばいいというような映画しか見ておりません。ですから、芝園館みたいなこういう立派な、文化的なところに、何度も何度もご両親と通ったという瀬川さんが羨ましくてしょうがないわけです。それから、六本木に映画館がありまして、そこで何か、日本のお姫さまが岩の中の牢屋に閉じこめられていて、ひたすらひらひらと桜が散る、というような映画を見たんですが、何だか全然わからない。何の映画だったのかどうしてもいまだにわかりません。

瀬川　アメリカ映画ですか。

蓮實　いや、日本映画なんです。何とか姫、などというようなものだと思います。それから母が、華族会館の会員ではもちろんなかったんですが、何か伝手があって、華族会館で催される映画の上映会によく連れて行ってくれました。『ハワイ・マレー沖海戦』（一九四二）などは、たぶんそこで見たと思います。わたくしの家も、祖母が男爵の娘だったという以外は一切平民のうちですから、幼稚園も学習院ではなくて雙葉に行きまして、ですから幼稚園時代から四谷というところには意外とずっと通っていました。それで、雙葉には修道院がありまして修道女、つまり尼さんがおられて……

瀬川　ああ、はい。

蓮實　そのフランス人の尼さんたちと母がフランス語でしゃべっているのを聞いた記憶があります。たぶんあまりうまいフランス語ではなかったと思いますが、その時、ああ外国語というものがあるんだなあという気がしたんです。瀬川さんの場合は生後間もなくロンドンで外国語に触れられたようですが、わたくしは母が何となくしゃべっているというのがフランス語でした。

瀬川　なるほど、フランス語をね。

蓮實　父はもうその時には戦地に行って家にはおりませんでしたが、おそらく母が宝塚で聴いてきたのか、先ほどの「サ・セ・パリ」を口ずさむのを何度も聴いて、「パリ」という言葉もすぐ覚えてしまいました。それと母はよく、先日、瀬川さんとご一緒にトークに出させていただいた『巴里（パリ）の屋根の下（Sous les Toits de Paris）』（一九三〇）の歌も歌っていました。

瀬川　フランス映画を非常によくご覧になったのは、やはりお母様の影響もあるんですね。

蓮實　どうもそのようです。もちろんフランス映画ばかりを見ていたわけではありませんが、最初の食いつきがルネ・クレールという監督でした。それで、先日のトークで話題にした『巴里の屋根の下』の終わり近くで、眼鏡をかけたおじいさんが何もしないのに笑わせる、というような場面があったと思いますが、彼はポール・オリヴィエという役者なんです。そのようなバイプレイヤーの名前ばかり覚えてました。

瀬川　大したもんですね（笑）。しかし、雙葉というと当時、うちの親類でも雙葉の尼さんになったのがだいぶんおりました。

蓮實　ですから、わたくしにとっての外国人というものは、あの黒い、尼僧の服を着た人を見たのが最初です。

瀬川　なるほど。

蓮實　それと、ターザン（笑）。育ちの悪い人間でございますから、瀬川さんみたいに芝園館に通うなどというのは、ほんとに素晴らしいことだと思います。

戦前のフランス映画

瀬川　この前にもお話ししたと思いますが、サン＝テグジュペリの『夜の空を行く（Anne-Marie）』（一九三六）という映画は、あれは何年ごろかしら。

蓮實　三五年か六年です。アナベラですね。

瀬川　ええ、中学の時、『夜の空を行く』に出ていたアナベラに夢中になっちゃって。それでいろいろなところに行っては、映画雑誌があると、どこかにアナベラが出てこないかって探したものです。あの映画は、アナベラが初めて主役をやったころでしょう。

蓮實　アナベラはその前に『巴里祭（Quatorze Juillet）』（一九三三）にも出ています。

瀬川　ああそう、ちょっと早いですね。

蓮實　アナベラというのも、名字かファーストネームかわからない。そういう女優が、アルレッティとか、フランスにはずいぶんいるもんです。

瀬川　じゃあ、アナベラも前にファーストネームがないんだ。

蓮實　ないんです（笑）。

瀬川　アナベラの印象もあったので、ずっと後になって、サン＝テグジュペリの脚本やあの映画について調べたんですが、『夜の空を行く』という映画の元は、例の『夜間飛行』とは違って、映画のために書かれた脚本なので、本が出てないんですね。

蓮實 ええ、そうなんです。
瀬川 箱根のサン＝テグジュペリの博物館で、僕は一生懸命調べた。そうしたらね（笑）。
蓮實 『夜間飛行』じゃないんです。
瀬川 とにかく、フランス映画というのは非常に印象が残っているんです。それから、『舞踏会の手帖（Un Carnet de Bal）』はいつごろでしょう。
蓮實 『舞踏会の手帖』は三七年だと思います。デュヴィヴィエの、いろいろな女優男優が出てくる……
瀬川 ええ。音楽も流行（はや）りましたし。
蓮實 ワルツがずっと続いているんです。
瀬川 ああ、そうでしたね。それからあのころ、やっぱり印象が強いのは『格子なき牢獄』（一九三八）。
蓮實 はいはい、レオニード・モギー監督。
瀬川 それで……
蓮實 コリンヌ・リュシエールと……
瀬川 そう、コリンヌ・リュシエールとアニー・デュコー。感化院の院長さんがアニー・デュコーで、コリンヌ・リュシエールがアニー・デュコーの恋人を奪っちゃったんで、気の毒のような気がしました。アニー・デュコーというのは、とても気品のある女優さんで、大女優のような感じを受けました。

蓮實　アニー・デュコーは、わたくしがフランスに行ったころにも主演女優として舞台に立っておりました。とても気品のある……

瀬川　ええ、気品のある立派な女優でした。コリンヌ・リュシェールのほうは戦争中ドイツに協力したというので、戦後非常に非難されたと聞きましたが、映画界とか演劇界とか、あるいは音楽界も含めて、全体的に、戦争中のドイツ協力というものへの粛清は、戦後相当強かったんでしょう。

蓮實　かなりひどいものだったと思います。アルレッティも坊主にされておりますね。アルレッティという女優は、わたくしのなかでドイツ人が好きだったのはわたくしのアソコだけよ、みたいなことを平気でいう人で、ぐりぐり坊主にされています。それからコリンヌ・リュシェールの場合は、たぶん、父親が対独協力の新聞を出していて、その新聞に対する反発が非常に強かったので、一番ひどく叩かれたようです。それから他に、戦時中、ドイツ資本で撮っていたフランスの映画監督などは、三か月とか六か月ぐらいの活動停止があった後は、ほとんどの人が正常に復帰しています。

瀬川　復帰しているんですか。

蓮實　ドイツ協力問題というのは非常に難しくて、そもそもフランス映画がトーキーになったのはドイツ資本によってなんです。先日、瀬川さんとトークショウでご一緒したときに見た

『巴里の屋根の下』の映画会社、トビスもそうなのです。ですから、そう簡単にドイツ資本から離れることはできないし、それから、第二次世界大戦中にヒットラーに呼ばれて、多くの男女のスターがベルリン詣でをするんです。これなども、のちに非常に叩かれています。

瀬川　なるほどね。

蓮實　ベルリン詣でに行った人、行かなかった人、というようなことがあります。そして、ちょうどその対独協力に対する裁判みたいなものが終わったころから、今度はアメリカ映画で赤狩りが始まるわけです。

瀬川　ああ、そうですね。

蓮實　ですから、それ以前の楽しかった時代のアメリカ映画を、瀬川さんは同時代に見てらっしゃるわけです。今度、渋谷の「シネマヴェーラ」で、わたくしは赤狩り時代の映画の特集をやるんですけれども……。

瀬川　そのようですね。ぜひ、見に行きたい。

蓮實　その赤狩り以前の、何といいますか、楽天的なアメリカ映画。それをやはり瀬川さんはずいぶん見てらっしゃるわけです。

瀬川　まあ、そうですね。

ミュージカル映画初体験『サンマー・ホリデイ』

蓮實　ミュージカル映画にしても、当然、瀬川さんはあのエディ・キャンターあたりから見てらっしゃるわけですが、わたくしがミュージカル映画というものを見た最初は、戦後になってからです。ルーベン・マムーリアンの『サンマー・ホリデイ（Summer Holiday）』（一九四八）というのがありまして、ユーチューブに予告編がありますので、ちょっとご覧いただければと思います。

瀬川　素晴らしい。

蓮實　マムーリアンというのは、ブロードウェイから呼ばれた演出家で、トーキー初期にゲイリー・クーパーの『市街（City Streets）』（一九三一）という映画などで有名になった監督ですが、その人が四八年に撮ったものです。ユージン・オニールの『あゝ荒野』を映画化したもので、いわゆるミュージカルのような振り付けはなく、ごく普通に人が歌ったりする、シネオペレッタのようなもので、それが、わたくしが最初に見たミュージカル映画です。

瀬川　『サンマー・ホリデイ』ね。四八年というと、戦後まもなくですね。

蓮實　プロデューサーがアーサー・フリードで、ＭＧＭです。ウォルター・ヒューストンっていますね、ジョン・ヒューストンのお父さん。

瀬川　はい。

『サンマー・ホリデイ』ミッキー・ルーニーとグロリア・デ・ヘイヴンほか、監督ルーベン・マムーリアン、1948年

蓮實　あの俳優が、ほぼ同じ時期に出た『黄金（The Treasure of The Sierra Madre）』（一九四八）という映画では、怖い役を演じるんですが、ここでは長閑(のどか)に歌ってます。よく覚えているのは、スティーマーという、蒸気自動車が出てくるんです。あと、ミッキー・ルーニーも出ます。

【上映開始】

瀬川　あ、ミッキー・ルーニー、それにグロリア・デ・ヘイヴンも出てますね。

蓮實　この人です、ウォルター・ヒューストン。導入部で、彼がいきなり歌い始めたんで驚きました。

瀬川　これは完璧にミュージカルですね。あ、ブッチ・ジェンキンス。それと、セレーナ……

蓮實　ロワイヤル。

瀬川　そう、セレナ・ロイル。……ああ、子供まで歌ってる。

蓮實　はい、ブッチ・ジェンキンス、子供まで歌ってます。

瀬川　ねえ、ほんと完璧なミュージカル。

蓮實　これはフランク・モーガン、それにアグネス・ムーアヘッドまで歌うんです。

瀬川　へえ、アグネスも、もうみんな歌うの。これは素晴らしい。

蓮實　いま出たマリリン・マクスウェルという女優が悪い女を演じるんですが、それがいいんですよ。

瀬川　ええ、なかなか魅力的です。

蓮實　……これからスティーマー、つまり蒸気自動車が出てきます。……はい、これがスティーマーなんです。

瀬川　みんなスティーマーに乗って歌うんですか。完璧なミュージカルですね。MGMね。

蓮實　ミュージカルというより、シネオペレッタみたいな感じです。

瀬川　みんな、始めから終わりまで台詞の代わりに歌ってる。

蓮實　ええ、歌ってしまう。これを見まして、わたくしはすっかり驚いたんです。あのマリリン・マクスウェルという悪い女なんかも非常に魅力的で（笑）。

瀬川　ええ、とてもね。

蓮實　この映画と『On The Town』（一九四九）、邦題では『踊る大紐育（ニューヨーク）』ですが、それと『イースター・パレード（Easter Parade）』（一九四八）がほとんど同じ時期に来ました。

瀬川　ああ、四八年。

蓮實　はい、四八年、四九年ぐらいです。アメリカ映画も絶対に面白いものがあると思いました。しかもわたくしは、一方で西部劇が好きでしたので、ウォルター・ヒューストンとアグネス・ムーアヘッドが歌うなんて、胸がドキドキしちゃうんです。それで、すっかり映画にのめり込んだというわけです。

瀬川　ちょうどこの時期、ミュージカル映画がまた流行（はや）りだしたんですね。

蓮實　そうです、アーサー・フリードがＭＧＭでミュージカル路線を敷いた時期です。当時、どっとミュージカル映画が来て、これはすごいものがあるという感じでした。
瀬川　当時そうでしたね。『サンマー・ホリデイ』をご覧になったのはおいくつぐらいですか。
蓮實　わたくしが見たのは、中学一年か二年だと思います。それで悪い女がキスするのがミッキー・ルーニーなんですが、ミッキー・ルーニーは一九四〇年に最大のマネーメイキング・スターとなって、この映画はそれから数年経っておりますから、すでに素晴らしいとつくほどの人気役者ではなくなっているんです。でも、グロリア・デ・ヘイヴンもかわいいし……
瀬川　グロリア・デ・ヘイヴンも当時人気がありました。
蓮實　ということで、わたくしがアメリカ映画でミュージカルというものにのめり込むひとつのきっかけはこの映画だったんです。
瀬川　ちょうど戦後の十年間ぐらいは、日本ではみんな映画に飢えていた時代で、またいい映画も続々出てきたから。
蓮實　やはりＭＧＭですから、絢爛豪華（けんらんごうか）なんです。
瀬川　そうね。
蓮實　それから、これはＭＧＭではなく、パラマウントの作品で、いわゆるミュージカルではありませんでしたが、喜劇の名手ノーマン・Ｚ・マクロード監督の撮った『腰抜け二丁拳銃（The Paleface）』（一九四八）というボブ・ホープ主演の作品がありました。西部開拓時代の女性ガンマンとして知られるカラミティー・ジェーンをジェーン・ラッセルが演じているんです。ボブ・ホープの底抜けコンビであるビング・クロスビーは出演していませんが、その中でボブ・ホープが歌う「ボタンとリボン」という曲が中学の仲間たちの中で大流行し、みんなが意味もわからぬまま「Buttons and Bows」を「バッテンボー」と歌っていた記憶があります。この歌は大流行しましたが、わたくし自身としては、タイツ姿でインディアンを退治してしまうジェーン・ラッセルの妖艶さにひたすら惹かれておりました。ところがわたくしがこれから「シネマヴェーラ」で特集するのは、絢爛豪華から遠く離れた、予算の限られた小品ばっかりをやることになるのです（笑）。

瀬川　そういう映画が流行（はや）りだしたのは戦後すぐですか。

蓮實　はい、赤狩りですから、四七、八年から始まっております。

瀬川　マッカーシズムがもう四七、八年から始まる。

蓮實　はい。

瀬川　ああ、そんなに早かったのかあ。

開戦の夜に聴いたアメリカのビッグ・バンド

蓮實　では、時代を少し戻して、いよいよ本当に、瀬川さんが第二次世界大戦前、戦中にかけていろいろなさってきた事柄をお訊きしたいと思います。初めは、トミー・ドーシーの「カクテル・フォー・トゥー」のお話になりますが、これを開戦の夜にお聴きになったわけですが、この曲をお選びになったのはなぜなんですか。これを聴いてやろうと思われたのは。

瀬川　いやー、特にどうしてトミー・ドーシーを選んだのか。……まあ、この「カクテル・フォー・トゥー」ってのは、トミー・ドーシーとしては、わりにアップテンポで、ジャズっぽい曲なんです。それでわたしはかえって好きだった。当時、トミー・ドーシーのトロンボーンは甘くストレートで、いろいろなきれいなメロディを吹いている曲がいっぱい出ていたんですが、この曲は違っていたんです。もともとはやはりバラードなんですが、それを非常にホットに演奏していたので、わたしはかえって気に入っちゃった。

当時、野口久光（のぐちひさみつ）さんとか、野川香文（のがわこうぶん）さんなどの戦前の音楽評論家が、ただスイートに演奏するのではなく、やはりデューク・エリントンなどのように、非常にジャズ的なセンスで演奏しているのが本当のジャズだと、『キネマ旬報』などに盛んに書いていたので、その影響もあったと思います。そういうジャズを聴かなきゃ、本当のジャズはわからないんだという、まあちょっと生意気な気持ちもあって、おそらく「カクテル・フォー・トゥー」が気に入ってたんだと。

トミー・ドーシー楽団による「カクテル・フォー・トゥー」のシングル盤レコード、ヴィクター・レコード、1938年

蓮實　あの、トミー・ドーシーは、ジミー・ドーシーって兄弟がおりますが。

瀬川　はい。トミー・ドーシーがトロンボーンで、ジミー・ドーシーが兄さんでクラリネットとサックス。それで、ちょうどこれは一九五三年、昭和二十八年にわたしがアメリカへ行ったころ、二人が一緒に演奏していました。いわゆるスウィング・ジャズ自体はちょっと下り坂で、エルヴィス・プレスリーなんかが出てきた時代です。トミー・ドーシーとジミー・ドーシーはそんな時期に一緒に、ドーシー・ブラザーズというバンドを作って、ホテルなどにまだ出ていたので、聴きました。

蓮實　お聴きになった！

瀬川　はい。

蓮實　おお！

瀬川　それに、スウィング・ジャズが隆盛したころの伝説的なパラマウント劇場にも行きました。『ベニイ・グッドマン物語（The Benny Goodman Story）』（一九五五）のなかに、パラマウント劇場でグッドマンが演奏して、ハイスクール・キッズがみんな踊り狂ったという場面がありますが、一九三〇年から四〇年代の映画館は、映画とアトラクション、つまり映画とジャズ演奏が両立てだったんです。日本でも日劇が必ず映画とショウを一緒にかけて、戦争中もずっとそうでした。それが戦後はだんだん流行(はや)らなくなって、アメリカでも映画館がもう映画だけを上映するようになっちゃう。ちょうどわたしが行ったころが、その最後だったんです。ニューヨークに着いて、念頭にはもうパラマウント劇場があったので、どんなところかと真っ先に飛んで行くと、ちょうどそれから二、三か月で映画とショウの二本立ては止めてしまいました。だけど、非常にいいんですよ、オルガンでアメリカの昔のスタンダード・ソングを奏すると、歌詞がスクリーンに映ってきて、お客さんがそれに合わせて口ずさんだりする。どこかスウィング時代の名残のようなものがありました。

アメリカ映画とジャズ　『教授と美女』『ヒット・パレード』

蓮實　瀬川さんはそもそもビッグ・オーケストラがお好きだったんですか。

瀬川　そうですね、何となく。日本にいても、コロムビア・オーケストラとか、あるいは飯山(いいやま)茂雄(しげお)とニグロ・バンドとか、そういうのが好きでした。

蓮實　ボーカルはどうなんですか。

瀬川　ええ、ボーカルも好きでした。昔はビッグ・バンドに専属の歌手がついていて、そういう曲も聴いていました。

蓮實　あの……ここで瀬川さんにお見せしたい映画がございます。これはなぜか日本に入ってこなくて、戦後だいぶん後になってから上映されたんです。バーバラ・スタンウィックとゲイリー・クーパーが共演で、バーバラ・スタンウィックがビッグ・バンドで歌っているんです。

この映画では八人の学者が百科事典編纂のために何年もある館に缶詰になっていて、そのなかのひとりゲイリー・クーパー扮する教授が俗語を拾いに外へ出て、俗語辞典を作ろうとしている。そこに七人の協力者がいまして、他の七人の老教授たちというのが要するに、あの「七人のこびと」と同じような役割をしております。

瀬川　何ていうタイトルですか。

蓮實　『教授と美女』。

瀬川　五〇年代ですか。

蓮實　四〇年代です。一九四一年、戦時中の映画なんです。

瀬川　ゲイリー・クーパーと、バーバラ・スタンウィックですか。……たしか『ヒット・パレード(A Song Is Born)』(一九四八)も、大学の先生が出てきましたね。

蓮實　それの元になった映画なんです。原題で『Ball of Fire』。

瀬川　『ヒット・パレード』は、ジャズとは何だろうというんで、先生方がいろいろ研究する映画で、そういう映画が二、三本ありました。

蓮實　ええ。それのひとつなんです。その一番元になった映画です。

【上映開始】♫「Drum Boogie」流れる。

瀬川　ああ、ジーン・クルーパだ、このドラム。面白いね「ドラム・ブギ」。たしかこの曲はのちにアニタ・オデイが歌いましたが、ここでバーバラが歌ってるのね……へえ、これは面白い。

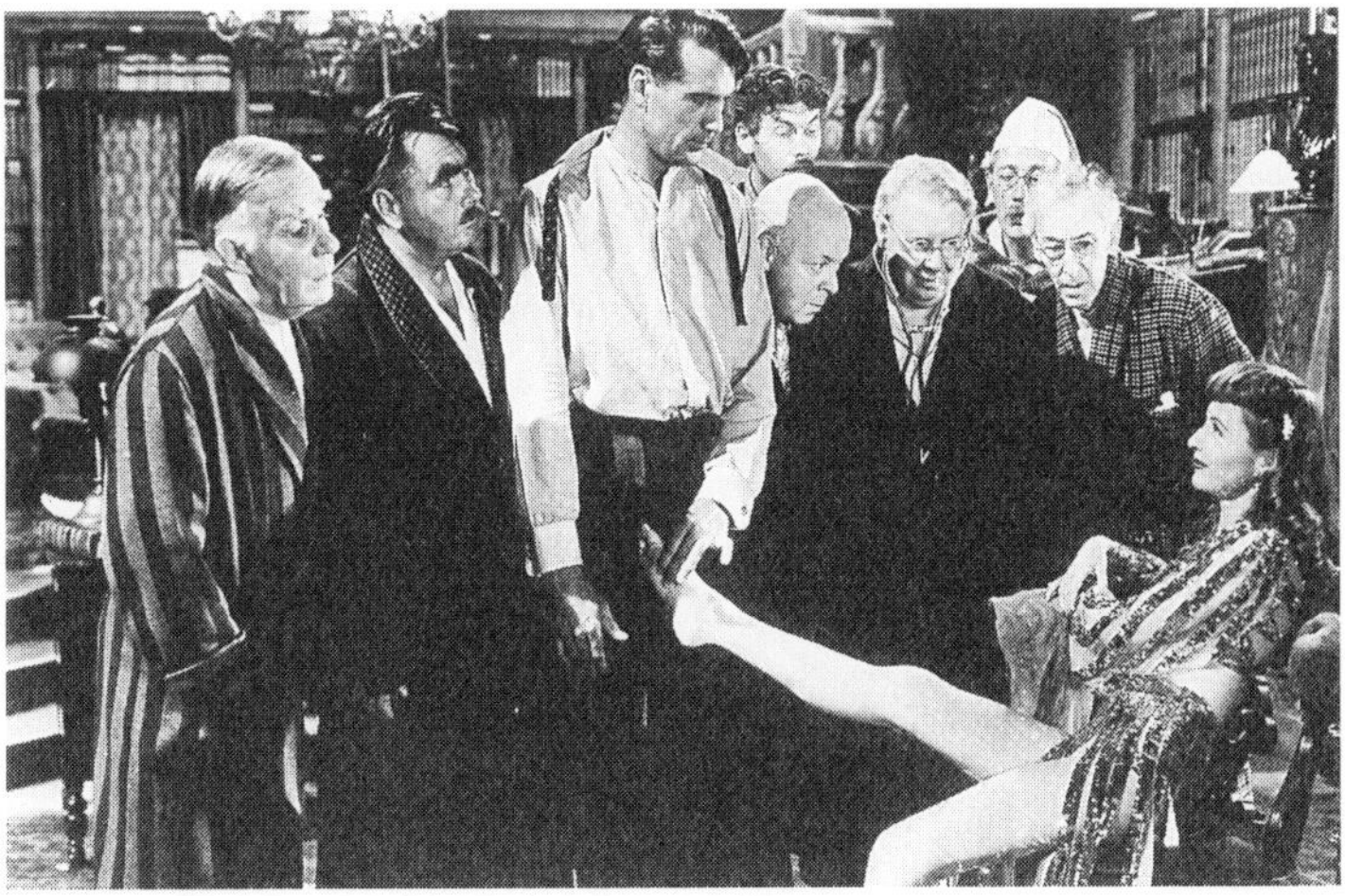

『教授と美女』バーバラ・スタンウィックとゲイリー・クーパーほか、監督ハワード・ホークス、1941年

蓮實　これも学者の話なんです。
瀬川　クーパーが学者で、こういうジャズを演奏する。……なるほど、スラングを調べるわけ。……ああ、で、バーバラが歌った。
蓮實　他のジャズメン、誰だかおわかりになりませんか。
瀬川　ちょっとこのサックスはわかりませんが、黒人のトランペットはロイ・エルドリッチです。ひとりだけ黒人が入ってる。またここでジーン・クルーパが……。
♫ジーン・クルーパのドラムソロ
蓮實　みんなで揃ってブギーといっているところで、クーパーが一拍遅れて、ブギーっていうんです（笑）。
瀬川　このころはもうちょっとスウィング・ジャズからひとつ進歩して、だんだんモダンになってます。
蓮實　そうなんです、モダンになって、高速化しています。
瀬川　特にジーン・クルーパは四〇年代にいち早くモダン・ジャズの手法を取り入れたドラマーなんです。バーバラもアニタ・オデイが開拓したモダン・ジャズのスキャットを多用していますね。ああ、素晴らしい。
蓮實　……ということなんですね。ここで、大学の先生がバカにされるわけです（笑）。
瀬川　なるほどなるほど、スラングがいっぱい歌のなかにも出てきますし。

蓮實　笑ってしまったんですが、こういう作品があって、この六年後ぐらいに同じくハワード・ホークスが『ヒット・パレード』をリメイクをして撮るんです。

瀬川　監督は同じで。

蓮實　はい、ですからリメイクの非常に不思議なケースなんです。このように、アメリカでも同じ主題を扱って、しかし、若干シチュエーションが異なり、それから役者も違うという撮り方は、このころから非常に盛んになり、リメイクがずいぶん出てくることになります。

瀬川　『ヒット・パレード』は、たしかベニイ・グッドマンも出ています。

蓮實　そう、ベニイ・グッドマンも出ているし、サッチモ（ルイ・アームストロング）も出てきました。

瀬川　ああ、そうでした。

蓮實　『ヒット・パレード』も見てみましょう。まったく同じシーンはないのですが、終わり近くにみんなで演奏して、上から物を落とす場面があるので、その部分を。

【上映開始】♫「A Song is Born」流れる。

瀬川　ああ、最後にオールスターになるところですか。

蓮實　ええ。で、これはギャングなんですね。ギャングにみんな拳銃で威嚇（いかく）されているんですが、ギャングの頭上にある、あの銅鑼のような円形の置物が、ビッグ・バンドの演奏に釣られて回り出す……

『ヒット・パレード』ダニー・ケイ、ベニイ・グッドマン、トミー・ドーシー、ルイ・アームストロング、ライオネル・ハンプトンほか、監督ハワード・ホークス、1948年

全員　（笑）。

瀬川　いまのは、ダニー・ケイですか。

蓮實　はい、ダニー・ケイです。

瀬川　……ジャズをやったことがない人もやろうってわけだね。

蓮實　ええ、それで、わかったということで、みんなで力合わせると……はい、上からギャングの頭上にアレが落ちます。

全員　（笑）。

瀬川　いまのトミー・ドーシーじゃないかな。

蓮實　そうです。

瀬川　……ああ、やっぱりこれはすごいね、ライオネル・ハンプトンもいる、ダニー・ケイとふたりで。

蓮實　……はい、ということでございます。ですから、まったく同じ題材を、状況を変えて作って、それで儲けてしまうという、いわば「リメイク」です（笑）。これはプロデューサーがサミュエル・ゴールドウィンなんですが、そういうことができる時代が来ているんです。ここでは、ほとんどのジャズ・ミュージシャンが出ているわけですね。

瀬川　もう、オールスター。

蓮實　ええ、ほんとにオールスターといっていいと思います。『教授と美女』のほうはそれほどいろんなミュージシャンが出ていませんが、『ヒット・パレード』は黒人ミュージシャンのことを勉強している学者たちなので、あのようなオールスターになっているんです。

このような形でジャズがアメリカ映画に、あるいはアメリカ文化に、いかに浸透しているかということを示している。そのことをわたくしたちはわかっているつもりだったんですが、瀬川さんは実際にアメリカに行かれて、実際にそのアメリカ文化に触れられたわけです。やはりその時は、とうとうジャズの、憧れのアメリカに来たというお気持ちはあったんですか。

瀬川　ええ、それはもう、ものすごくありました。行きは飛行機でヴァンクーヴァー経由でニューヨークに行ったんですが、とにかく着いたらラジオから音楽が、ジャズだけじゃなく、アメリカの音楽が聞こえてくるんで、大感激でした。ニューヨークに着いてからは、テレビは高くて買えないので、早速ラジオを買い、家にいる時は朝から晩まで聴いていました。そこでカーネギー・ホールでチャーリー・パーカーがやっているという情報を聞いて、もう、早速カーネギー・ホールを探して行ったんです。

蓮實　それだけジャズに詳しい日本人が来たということに、驚いたアメリカ人はいたんじゃないですか。

瀬川　ところが、初めは銀行の支店業務を勉強しろと命ぜられて配属されると、支店にはジャズとは無縁な人が多かった。その後シティバンクのトレーニング・スクールに通うんですが、そこは、大学卒業者の幹部候補生が五十人ぐらいいて、たしかにジャズをわかる人が相当いました。その中で特にジャズが好きなアメリカ人と一緒に、ライブハウスやなんかに行ったりして。アメリカでも、わりにインテリはジャズが好きなんです。ジャズファンは他にももちろんいるんでしょうけど、それほど多くはないという印象でした。黒人でも、ジャズ的な演奏が本当に好きな人は少なくて、ほとんどはリズム・アンド・ブルースなど、黒人のブルースを聴いている人が多かった。

わかる人にはわかる、だがしかし

蓮實　第二次世界大戦中に、作品そのものは日本の曲をジャズ風にアレンジして演奏して、そのことには気づかれず検閲に通ってしまうという現象がありましたね。

瀬川　はい、ジャズ風にアレンジした民謡の演奏などがそうでした。でも、そういう曲を演奏せざるをえない背景があったと思うんです。

日本では結局、アメリカほど上手い人は少ないので、四、五人の演奏は成り立たないわけです。大体十人ぐらいのオーケストラで演奏することが多かった。一方、日米開戦の夜にジャズをかけて親父に怒られたことがあったように、開戦以降、ジャズ、つまり米英的なものは全部排除されます。米英の音楽は禁止になって、ダンスホールも閉鎖され、出演していた大所帯のバンドメンバーがみんな巷に出て、映画館で演奏を始めるわけです。逆に、そのころの映画館は、ちょうど米英の映画が禁止されて次第にかける映画が少なくなり、その巷に出てきたバンドが盛んに演奏をする。だから当時はどこの映画館に行っても、バンドが出ているんです。演奏する曲も、しばらくの間はちょっとタイトルもわからないようなジャズ的な曲をかなり演奏していました。

ところが、さらにだんだん規制がうるさくなって、結局、日本の民謡などをアレンジして演奏するようになる。そうすると、なかには優れたバンドがジャズ的な手法を上手に使って、ジャズらしいスタイルで演奏していました。特にコロムビア・オーケストラは非常に秀でたミュージシャンが多くて、わたしがいちばん感心したのは、「崑崙(こんろん)越えて」という藤山一郎(ふじやまいちろう)が歌った軍歌を完璧なベニイ・グッドマン・スタイルにアレンジした演奏です。

蓮實　それは爽快ですね、そういうことができたというのは。やはりアレンジャーが決めるわけですか。

瀬川　ええ、そうなんです。作曲編曲で、当時はまず服部良一(はっとりりょういち)さんがジャズ的な手法が大変上手でした。もうひとり仁木他喜雄(にきたきお)という、越路吹雪(こしじふぶき)の初期の音楽監督で、非常に器用な人がいて、戦前からジャズの手法を取り入れて、とても上手なアレンジを流行歌にしていて、非常に愛好しておりました。

蓮實　それは、わかる人にはわかると。

瀬川　ええ、そうですね。

蓮實　アレンジはジャズなんだ、ということを。

瀬川　ええ。さらに「崑崙越えて」のなかでは、松本伸という人がテナーサックスで、コールマン・ホーキンスみたいなソロを吹くんです。だからそのソロ演奏が始まると、もう、拍手して聴いたりしたんです。

蓮實　そういうお話を伺うと、アメリカと戦争しているのでアメリカ的なものはいかんという態度は、まあわからないではないのですが、いかがなものなんでしょう。本当はアメリカを研究しなければいけないわけです。ドナルド・キーンさんのような、たとえば、日本の文学を研究して、結局日本に居座ってしまう方がおられたのに、なぜ日本は外国のものをあれほど頑なに禁じたんでしょうか。

瀬川　そうですね。

蓮實　本当は敵国の文化を研究しなきゃいけないはずなのです。

瀬川　それは結局、当時、日本のなかのいわゆる文化批評がふたつに分かれていたことと関係すると思うんです。

ひとつは、米英に勝つためには、米英に負けないような技術的な良さを、あらゆる面で充実させなきゃいかんという考え方。もうひとつは、日本は「すめらみくに」で、神様の創った国なんだから、それに反するような西洋的な基準の文明は全部排除しなきゃいかんという考え方。このふたつの考え方に分かれてしまった。当時、陸軍は非常に右翼的でした。一方で海軍は、京都学派などに頼んでいろいろな研究会をしていたらしいんです。それで、保田與重郎の『日本浪曼派』ぐらいまではまだ、古代の美しい文章などを敬愛する程度に留まっていたと思うんですが、さらにそれが、浅野晃や蓑田胸喜の原理日本社の唱導する、「すめらみくに思想」になってしまった。要するに日本は神が創った国だから、西洋的なものは全部排除せないかん、という風潮が非常に強くなっていくんです。

そうしたせめぎ合いが、戦争初期の二年間ぐらいはありました。結局、京都学派の「世界史的立場と日本」の座談会に通ずる論説をのせた『中央公論』と『改造』が廃刊に追いやられて、僕は非常に口惜しかった。

蓮實 その場合、日本のこととアメリカのことを同時に知ることが重要であって、アメリカのことだけを学んでもダメだったんです。日本のことだけを学んでもダメだ。で、両方を十分に咀嚼しきった人がいれば、ことによるとあの戦争の悲劇は回避できたのかもしれない。ただし、「すめらみこと」になってしまうと、どうも、それも難しいというような局面を当時の状況に見ると、なぜアメリカのことと日本のことを同時に深く考える人がいなかったのか。

瀬川 そうですね。

蓮實 小林秀雄などは、文化というのは外国のものとしか思ってない。一方で、日本は本居宣長がいるとはいうんですが、しかし近代というものは、外国のものだと。そうすると、「近代の超克」とはどういう意味なんでしょう。何か変なことになってしまいます。つまり、ジャズにしろ映画にしろ、日本はすでにアメリカと同じことをやっている。たとえば、小津安二郎にしても溝口健二にしても、外国人が知らないだけで、当時の世界的な最先端を行っていたわけです。だから彼らが知らないだけであって徐々に知らしめればいいということで、映画においてもそうだし、音楽においてもおそらく同じことが起こっていたと思います。もちろん上手下手というのはあるのかもしれませんが、しかし、溝口健二が日本の題材を扱いながら世界の最先端を行っているということを、小林秀雄たちはまったくわかってなかったんですね。そのわかってなかったということは、彼らが、文化というものは、近代というものは、ヨーロッパから来たものだと考えていたことに表われていると思います。アメリカを認めてないんです、小林秀雄は。

瀬川　ああ、なるほど。

蓮實　にもかかわらず、いまだに小林秀雄がごく普通に読まれていることがわたくしにはよくわからない。あんなにトンチンカンなことばっかりいっていた人はいないんじゃないかと思うんです。あの道頓堀でモーツァルトが（笑）というようなお話も、それは結局、自分を高めてくれるものは向こうから、ヨーロッパから来るとしか考えてないことの表われだと思います。それで、先ほどの音楽の話にも通じるんですが、マキノ正博（雅弘）が、もちろん素晴らしいオペレッタも撮っていますが、戦時中に軍から頼まれて撮った『阿片戦争』（一九四三）はご存じですか。

瀬川　はいはい、ありました。

蓮實　これは見てみると、時局に沿った題材のように見えるんですが、内容はまったく、アメリカ映画の父といわれるグリフィスの『嵐の孤児（Orphans of the Storm）』（一九二一）なんです。マキノが軍に協力しているような形にみえても、それはグリフィスで、あの高峰秀子の役はグリフィスの女優たちが演じた役だと、見る人が見ればわかってしまう。そういうことを、小林秀雄たちはまったく理解していなかったと思うんですねえ。

瀬川　『阿片戦争』というのは要するに、イギリスがいかに中国を植民地化したかという内容ですが、そこで、たしかいろんなショウが出てきますね。音楽は服部良一さんで、彼が米英的なショウをそこでやって、けしからんということになって。

蓮實　ええ、服部良一さんがやっておられたり……

瀬川　そう、それから主題歌がいいんです。「風は海から」ね。「♫か〜ぜ〜は〜うみから〜」って、とてもいいバラードですよ、あれ。素晴らしいバラード。

蓮實　ですから、そういうものの価値をもっと日本人が認識しなければいけないのに、いまだに認識されているようには見えないんです。

瀬川　そうね、それはあります。

「本気」をめぐって

瀬川 最近、三島由紀夫のことを書いた本をふたつばかり読んだのですが、そこでは、三島の最後の思想をいまだに継いでいるのが、対米従属であり、いまの安倍政権だ。それに対して、反対を唱えているのがいまの天皇（現・上皇）である（笑）、ということをいっているんですが、それを読むと、やはり戦争中の、神の思想というようなものが、なかなか日本人の脳裏からは拭いきれていないと感じます。

蓮實 三島さんの小説を読んでおられて、それから、三島さんの最期を目撃されて、それでいて、彼がいいたかったことは何かということをお考えなんだと思いますが、じつは誰も、あまりわかっていないんじゃないかという気がします。もちろん、決起して自衛隊に赴くということは、奇想天外なことであるとは思うんですが、三島という人は、小説家として完結するためには何でもやる、ということだったと思うんです。それで最後の小説は、やはり彼は本気で書いたんです。

瀬川 そうですね。

蓮實 もう、本当に本気で書いていて、ちょっとわたくしも付いていけないところがあるけれども、しかし、この小説は本気だと思うんです。それに対して、市ヶ谷駐屯地への突入は、どうも本気とは思えない。

瀬川　あの時の檄文を読んでもあまりピンと来ません。あのころに『英霊の聲』という文章を発表していますが、あのころから彼の文学と彼の思想はまったく別になったと思うんです。それは結局彼が、天皇の人間宣言にものすごく反駁したことの延長で、要するに彼にしてみると、天皇は、まあ、神でなきゃいけなかったんだろうけど、そこはちょっと、どうしてそういう考えをね……。でもやっぱり、戦争中の蓑田胸喜なんかの原理日本社並びにその一派の思想をいまだに受け継ぐ姿勢とつながっているんでしょうか。そしてそういう思想が、今日危惧される天皇を元首に戻せと主張する日本の某組織にも関係すると思うんですが。

蓮實　わたくしは、それほど考えている人がいるとは思えないですね、そのなにがしかの組織と呼ばれるものに。

瀬川　戦争中は、政治学の矢部貞治のような右翼的な教授はいましたけど、大学の先生はもう少し合理的な思想をお持ちでした。ところがいまは、東大や国立大学の教授でその組織に入っているのがいるでしょう。あれがね、僕は、わからないというか、どうして教授となる者がそんな組織に共鳴するんでしょうか。

蓮實　そういうことをしないと、自分が何かをやっている気にならないからだと思うんです。

瀬川　わたしはね、もう自分はどうせあと二、三年しかもたないんだから、その先どうなっても関係ないんですが!!（笑）

蓮實　いやいや（笑）。

瀬川　これからの人は、そうした勢力というものに対してよほど深く考えていかないと、危険なのではないかと思うんです。

蓮實　おっしゃることは非常によくわかるのですが、その危険を説いているのが、わたくしを含めて、みな老人でしかないのです。

瀬川　そういうことを書いているのはみんな年寄りですね。

蓮實　ええ、ほとんどの若い人たちは、いまそのようなことになっていることにすら、気づいていないわけです。

瀬川　そう、それが全然わからないの。

蓮實　それは、放っとく以外にないと思う。彼らがそれに気づいて今後どのように受けとめるか。

瀬川　日本人はもう一回、とにかく痛めつけられなきゃわからないんだろうと（笑）。もう、若い方々は、好きにやってくれと。

蓮實　はい、ほんとに好きにやってくれといいたいのですが、またそれをわれわれがいうと、彼らは聞く耳を持たないと思うんです。ですから、彼らが自ら考えつく以外にないと思う……。

先ほどタクシーに乗ってまいりましてね、なぜ安倍さんはあんなに支持率が下がらないのか、それをどう思うのか運転士さんに訊いたら、お客さんそれは簡単ですよ、他に人がいないからです、というんです。本当に、誰が次の首相になるかというようなことはまったく考えずに、安倍さんのイメージだけをみなさん持っているんですね。それはそれで仕方がないことだとは思いますが、首相になる以前は、一度失敗した彼がまた首相になると思った人なんてこれっぽっちしかいなかったわけです。ですから、やはりその地位に付いてしまうということは恐ろしいことだと思います。

瀬川　結局、日本がもっと、日本の文化的な思想を高めて、それを世界に理解してもらえる、普遍的なものにする努力をしないかぎり、世界から孤立すると思うんです。

わたしはずっと経済界にいたんですが、一九八〇年ごろ、日本が輸出ばかりして海外から非常に非難された時代に、経済同友会や経団連に付いて国際会議などに参加するためヨーロッパに行って耳にしたのは、俺たちアメリカとヨーロッパは適当に話し合って何とかやってるけど、日本だけはわかってくれない、と。だから日本がなかったら、われわれはどんなに助かるだろうと、そういうことを隣のテーブルの人たちがいっていたものです。つまり、日本はないほうがいいと考えている人が、世界中にいまだにいると僕は思う。しかし、世界から孤立していることがわかるには、もう一回ね、痛い目に遭わないとわからないいんじゃないかと。

蓮實　あるいは、もっともっとジャズ、映画を普及させる以外にないいんじゃないかと。映画や音楽がいいのは、たとえばベニイ・グッドマンはアメリカ人ですが、わたくしたちは国籍を超えて、ベニイ・グッドマンの音楽を享受することができるわけです。

瀬川　そのとおりです。

蓮實　瀬川さんがなさってきたように。それで、国籍を超えて享受することができる映画や音楽は、結局のところ、複製芸術としてしか、つまり映画もフィルムを介した複製芸術ですし、音楽もレコードなどを介した複製芸術ですし、複製芸術を通してしか享受できない。ですから、たとえば「日本」といったような、これしかない、という単一的なものではなく、国籍を超えて享受できる、もっともっといい加減なもののはずなんです。そのいい加減なものをもう少しみんなが真剣に考えてほしいなあというのがわたくしの気持ちです。何か真面目なことを考えることが自分のすごさにつながるというようなことばかり考えていると、今日(こんにち)なにがしかの組織と呼ばれているものになってしまうと思うので、日本でも何でもない、ジャズなり映画なり、そういうものをみなさんにもっと本気で見ていただきたいなあと。それには、もっと本気で見るための方法を、わたくしがこれからどれほどできるかわかりませんけれども、考えなくてはならないと思います。

瀬川　いやいや、もう、ぜひ。

蓮實　瀬川さんにもそれをやっていただける、そうしていただきたいというのが正直なところなんです。やはり、ひとつのものだけを見ていても絶対ダメで、ジャズはアメリカといったって、そんなこと嘘(うそ)ですね、黒人がアフリカから来ているのはもう明らかなわけですから。ひとつの国のことだけでは今後絶対に処理できないはずのものがいたるところにあって、それをわたくしたちが、正しいというのではないんですが、わたくしたちのいまにふさわしく見ていくことが、重要なことだと思うんです。それで……まだお時間は大丈夫でしょうか。

瀬川　はい。

I'll take you home again, Kathleen　『リオ・グランデの砦』

蓮實　今日の最後に見ていただきたいのは、わたくしがミュージカルなどとは別に、気に入ったひとつの場面なんです。ジョン・フォードの西部劇です。人が何かを歌っている時に、それを聴いている人たちがどれほど繊細に描かれているかが見られるシーンなのですが、音楽を演奏するほうはもちろん、それを聴いている人たちがほとんど無言で、素晴らしくそれに身を委ねているところが非常にいいので、ご覧いただきたい。すでにご覧になったかどうかわかりませんけれども、『リオ・グランデの砦（Rio Grande）』（一九五〇）という騎兵隊三部作の一作です。

場面としては、モーリン・オハラが南部の富豪の娘で、夫であるジョン・ウェインがかつて北軍で命令を受けて、妻であるモーリン・オハラの南部の実家を焼いてしまったために、ふたりは別居しているんですが、彼らの子供が士官学校を出退して騎兵隊に入ってしまったので、そんな騎兵隊のようなところにうちの子がいるのは間違いだといって、モーリン・オハラが息子を砦まで探しに来る。その時にジョン・ウェインが、別れていた妻であるモーリン・オハラ

『リオ・グランデの砦』ジョン・ウェイン、モーリン・オハラ、監督ジョン・フォード、1950年

を非常に丁重に扱って、彼女に音楽を聴かせる、というところです。その場面をちょっと見ていただきたいと思います。

【上映開始】

蓮實　騎兵隊の砦のなかにある隊長用のテントのなかで、ふたりは言葉少なく食事するわけです、別居していますので。

瀬川　なるほど、これでふたり一緒にね。

蓮實　はい、気まずく食事をした後なんです。そこで連隊の歌手たちが連隊長の妻に挨拶がわりに歌を歌いながらやってくる……彼女はキャスリーンっていう名前なんです。

男声：With Mrs York's permission
女声：Thank you

♫

I'll take you home again, Kathleen
Across the ocean wild and wide
To where your heart has ever been
Since first you were my blusing bride.
The roses all have left your cheek.

I've watched them fade away and die

男声：This music is not my choosing

♫ Your voice is sad when e'er you speak

女声：I'm sorry Kirby. I wish it had been

♫ And tears bedim your loving eyes.　Oh!
I will take you back, Kathleen
To where your heart will feel no pain
And when the fields are fresh and green
I'll take you to your home again!

瀬川　「アイル・テイク・ユー・ホーム・アゲイン・キャサリーン」

蓮實　はい。……じゃここまでにしましょう、ありがとうございました。

瀬川　このあとどうなるんですか。

蓮實　このあといろいろありまして、最後には和解するんです。演奏しているサンズ・オブ・ザ・パイオニアーズといって、主に歌っていたのはケン・カーチスという……

瀬川　はあ、聞いたことあるね。

蓮實　彼はジョン・フォードの娘の婿で、なかなかいい声の人です。しかしこれをお見せしたいと思ったのは、そのことではなく、まず、音楽を聴いている人がいかにみごとに撮られているか、ということなんです、歌っている人ではなくて。もちろん歌っている人も非常にみごとですが、ほとんど何も語らず音楽を聴いている男女の表情が素晴らしいのです。

そしてもうひとつの理由は、この曲はアイルランド人もアイルランド民謡だと信じて疑わない歌なのですが、じつはアメリカ人が作った歌である、という驚きからです。いかにもアイルランド民謡っぽいのに、作ったのは、ドイツ系のアメリカ人です。誰が聴いても、アクロス・ジ・オーシャンですから、アイルランドだと思ってしまう。しかし、そういうわたくしたちの思い込みをみごとにうち払ってくれる場面だなあという気がいたしまして、ぜひ見ていただきたいと思いました。ジョン・ウェインとモーリン・オハラがほとんど何もいわないのに、すべてを語っているような感じがいたします。

瀬川　アメリカへの移民の歴史には、スティーヴン・フォスター以来、アメリカ民謡といわれている例は他にもたくさんあるでしょうね。そういうメロディーやカントリー・ウェスタンの曲をジャズ化した演奏がアメリカにはたくさんあります。この映画の英語の題名は何というんですか。

蓮實　『Rio Grande』というのが英語の題名です。非常に通俗的な物語で、別居した夫婦がもう一度一緒になるというだけの話ですが、ジョン・ウェインがオルゴールを持っておりまして、その曲が「I'll take you home again, Kathleen」なんです。それで、彼女が彼の宿舎に行ってそのオルゴールを見つけて聴くと、ああ、あの人はわたしのことをまだ忘れていないということに気づく。ただしそう簡単には一緒になりません、というその後の展開があります。インディアンとの戦いなどがあって、非常に殺伐としたものもありますが、わたくしはいまの場面は非常にいいと思い、ぜひ、お目にかけたかった。

瀬川　白黒ですから、何年ごろですか。

蓮實　製作は一九五〇年です。ジョン・フォードが自分で作ったアーゴシー・プロダクションという映画製作会社で、それまでに騎兵隊三部作のふたつを作っているんです。『アパッチ砦(Fort Apache)』(一九四八)と『黄色いリボン(She Wore a Yellow Ribbon)』(一九四九)。

瀬川　ああ『黄色いリボン』ね。

蓮實　ところがわたくしは『黄色いリボン』の歌がどうも好きになれないんです。あの「Round the neck she wore a yellow ribbon」という歌がどうもしっくり来なくて、嫌いというのではないんですけど受け入れがたくしていたところ、この歌が素晴らしいんですね。

瀬川　それぞれ主題歌がね。このアイル・テイク・ユー……

蓮實　ホーム・アゲイン・キャスリーン。アイルランド人も自分たちの民謡だと思ってんですよ、これ。でも違うんです。

瀬川　ジョン・ウェインもなかなかです。

蓮實　はい、ほとんど何ものを言わないんですけど。ジョン・ウェインはバカだというふうないわれ方もあるけれど、いまの場面はなかなか繊細な表情をしており、わたくしはバカにはできないと思う。これもやはり、アメリカ映画をじっと見てないとなかなかいえないことです。これを見て、今日のところは終わりとさせていただいてようございましょうか。

瀬川　ありがとうございました。

Ⅱ章

二〇一八年十二月二十一日

両氏再会の対談第一回から約三週間のち、幼少期から少年期を経て青年期をめぐる話題に期待を寄せて、対談第二日目がはじまる。

瀬川少年、海軍に憧れる

蓮實　先日伺った『サニー』の「フー」という曲はたいへん面白い旋律ですが、いまでも覚えていらっしゃいますか。

瀬川　ええまあ。あの曲のメロディはジャズに興味がなかった弟たちも覚えていて不思議でしたが、母から子守唄代わりに聴かされたわけだから当然なんでしょう。よほど母が好きな曲だったんです。母は英語も好きで、戦後は電話交換手の試験を受けて電電公社に勤め、海外と英語でやり取りする仕事で、うちの暮らしをちょっと助けたりしたことがあるんです。

蓮實　失礼ですけれども、お母様はどちらをお出になった方なんですか。

瀬川　御茶ノ水女子高等師範学校の附属から東京女子大に入って、一年くらいで結婚しちゃったらしい。

蓮實　しっかりした教育を受けてらしたんですね。……前にも申し上げましたが、わたくしは瀬川さんよりちょうど十二年後の一九三六年生まれです。その翌年の三七年には瀬川さんは、中等科に進学されていますが、中等科は牛込のご自宅から比較的近くですね。

瀬川　はい、目白台。

蓮實　中等科高等科へはどのように通われていましたか。

瀬川　バスだったと思います。庭球部の練習には土曜日曜でも通ったんですが、一度西尾という同級生とふたりで、たしかその時はバスに乗らずにうちから目白まで歩こうといって、途中から走って行った覚えがあります。バスは当時からあったと思います。

蓮實　じゃあ省線には乗らず、市電とバスを乗り継がれて。

瀬川　そうだと思います。目白に行くにはわたしの家からだと、まず新宿へ出て乗り換えるんですが、当時はまだ地下鉄の東西線なんてなかったので、おそらくバスで。ところで、庭球部の部長をされたのが柳谷武夫（やなぎやたけお）先生でしたが、蓮實さんが中等科の頃にも柳谷先生はまだいらっしゃいましたか。

蓮實　はい、いらっしゃいました。その柳谷さんのお子さんたちも、同じクラスではありませんでしたが、皇太子（現・上皇）のクラスとそれからひとつ下におられました。

瀬川　たしかお嬢さんもいて、息子さんは東銀（東京銀行）に入ったんじゃないかな。

蓮實　それは知りませんでした。当時の先生で思い出深いのは、初等科四年の時のことで、鈴木先生なんです。

瀬川　はいはい、鈴木弘一先生。

蓮實　第二次世界大戦終戦後の昭和二十一年四月に沼津から四谷の初等科に戻りましたら、朝礼のときに鈴木先生が地下足袋を履いていらしたんです。当時、革の靴などほとんどない時代でしたが、それでも毅然としておられました。

瀬川　ええないでしょう、革の靴は。

蓮實　学習院の先生方の制服の下に地下足袋を履いてすくっと立ってらっしゃるので、ああこれは厳しい時代になったなあと、あらためて思った記憶があります。そのことを強く印象づけてくださったのは、まさに鈴木先生です。

瀬川　非常に真面目な、立派な先生でした。鈴木先生はだいぶん長生きされて、ご自分の自伝みたいなものも書いてました。

蓮實　中等科に入られて、戦中、戦後の困難な時期を身をもって生きてこられた瀬川さんと、もう初等科の二年の終わりくらいから疎開をしてほとんど学校教育も受けないようなわたくしとは、戦争中の体験がまったく違うわけです。わたくしの乏しい戦中の話といえば、ほとんどいつのことかわからないんですが、花電車と提灯行列を六本木の交差点で見たという記憶しかなくて（笑）。南京陥落のお祝いだったようですが、それが昭和十二年のことですから、まだ一歳になったばかりで、おそらく誰かにおぶわれて見たんだと思います。

したがって、今日もいろいろお話を伺わせていただきたいと思います。ちょうど一九三六年の直前、三二年くらいから血なまぐさい事件がずいぶん起こってまいりました。血盟団事件とか、五・一五とか。そのころのご記憶はありますか。

瀬川　はい、二・二六事件は、ちょうど四谷で反乱軍が起こり、初等科が四谷なので当然休校になったんです。でもたしか、途中まで登校したのか、反乱の兵隊さんがみんな銃剣を立ててたくさん並んでいた覚えがあります。

蓮實　その時はちょうど初等科六年ですね。

瀬川　ええ。それと、その前に見た、日本が国際連盟を脱退した時のニュース映画は非常に印象的でした。松岡洋右さんが最後の演説をして、毅然として席を立って、場内をスタスタと歩いて外へ出て行く。それが脱退の表明だったわけですが、ああ、こういうことになったなという気持ちが、その時いたしました。

蓮實　その当時軍縮会議もあったわけです。それで海軍がその軍縮に不満を持って、五・一五となったというふうに教科書などには書かれておりました。二・二六の時のご記憶は鮮明にお持ちのようですが、その前はいかがですか。五・一五とかは。

瀬川　五・一五はほとんど記憶にありません。何年にどうだったというのは、のちに本を読んで知るだけでした。ただ、海軍の野村吉三郎さんが学習院の院長になって、その後、やはり海軍の山梨勝之進さんが院長になりますが、おふたりとも海軍出身ということもあって、当時、中等科のみんなは海軍がわりに好きだったもんです。

蓮實　その方は海軍の提督ですね。

瀬川　ええ、山梨勝之進さん。大変立派で、しかも温厚で。

蓮實　山梨院長のお孫さんとは同級でした。

瀬川　その前が野村吉三郎さん。

蓮實　その方は存じ上げません。

瀬川　野村さんは駐米大使になって、アメリカに行かれちゃったから、そんなに長くは院長をしていなかったと思います。海軍出身の院長先生方の影響もあって、わたしも海軍が好きになって、当時、『海と空』という海軍と飛行機の専門雑誌を毎月読んでいました。それには、軍事的な秘密などはもちろん載っていないんですが、たとえば新しい軍艦ができたことなどが詳しく書いてある。いま思い出すのは、当時たしか「五・五・三」といって、軍縮会議で決められた軍艦の比率ね。つまり、日本は米英の五に対して三しか軍艦を造ることができないけど、その三のなかでとにかく優れた、五に劣らない軍艦を造ることが海軍の標榜するところだったわけです。当時の海軍は率先して卓越した軍艦を造ろうとしていて、僕も非常にファンになって、一生懸命、雑誌を読んだりしていました。のちに、たしか高等科になってからですが、弁論大会で、日本海軍は負けないぞという内容を話した記憶があるんです。

それから、ちょうど当時は、いわゆる軍事小説というのが出てきて、陸軍の元軍人で軍事探偵ものなどを書いた山中峯太郎というのがおりましたが（笑）、のちに衆議院の議員になった平田晋策という、当時は有名な作家がいて、その少年少女向けに書かれた軍事冒険ものはみんなで愛読しました。『日米もし戦わば』なんていう、日本海軍が勝っちゃう話なんです。それで最上、三隈、熊野、それからもう一隻あって、四隻のいわゆる……

蓮實　それは戦艦ですか。

瀬川　いや、巡洋艦です。八五〇〇トンで造ったけれど、それが実際には一万トンの軍艦に劣らないという、ものすごい重武装の巡洋艦が造られたんです。ただし当時、高速を出した駆逐艦が復原力不足で転覆してしまう事故がいくつかありました。結局、無理して重武装をするから。

蓮實　ああ、上に載せているから。

瀬川　ええ、そうなんです。何かそういうことが当時の記憶として非常に強くあります。要するにみんな、海軍贔屓でございまして、日本の造船術が素晴らしいということで、ちょっと憧れに近いものを持ったりしておりました。

蓮實　わたくしもほとんど理由もなく海軍のほうが好きで、戦時中のことですが、母と一緒に海軍省に寄付をしに少し貯金を持って行くわけです。すると、海軍の飛行機かなんかの模型が天井に吊されている。それを、じゃあこれ坊ちゃんにあげましょうってもらったような記憶があります。あのころはなぜか海軍贔屓になるわけです。何でしょうね。

瀬川　まあそうでしたね。ちょうど同級生にも、お父さんとか親類が海軍だった者もおりまして、よく軍艦を見学に行ったりすると、海軍士官というのは、髪も伸ばすことができるし、みんなハンサムで、いわゆるインテリなんです。そういう点で、海軍士官に憧れていました。兵学校を出た人は米英を真似て、当時はダンスなんかもよく学んでいて、モダンな感じがしたんです。その伝統はしかし戦後も引き継がれて、海軍兵学校の流れを汲んだ卒業式に、いわゆるカレッジ・プロム――アメリカじゃあ「プロム」というんですか――要するに女性を誘ってダンスパーティをやっていたとか。

蓮實　ああ、いまもそうなんですか。

瀬川　いまやっているかどうかわからないけれど、戦後もそういう話を聞きました。

「京都学派」と新聞小説

瀬川　海軍への憧れと同時に、当時の印象として残っているのは、中学の後年ぐらいに教わった国語の清水文雄先生とか、あともうひとり、ものすごく日本浪曼派などに傾倒していた先生の存在です。清水先生から文学を教えてもらって、いわゆる日本の美文とされる文章を一生懸命読まされました。三島由紀夫もそれに傾倒して、わたしのすぐ下の弟（瀬川昌治（まさはる））も非常に熱心で、だいたいそれで東大の文学部に入ったくらいなんです。

だけど、わたしはやっぱり当時から、そういう神がかりっていうことに対しては、非常に反発していましてね。要するに、みんなが神、神っていうのが嫌いでした。忌避しておりました。

蓮實　それはお友達、たとえば平岡さんとか、まわりのお友達がほとんど清水先生の影響で日本浪曼派に傾倒したと。

瀬川　そうですね。

蓮實　みな日本浪曼派に行ったのに、瀬川さんはそれに、いわばひとりで逆らっていらしたんですか。それとも、他にお仲間がいらした。

瀬川　やはりハワイアンやジャズが好きで、そんなのばっかり聴いている他の仲間がたくさんいましたので、アメリカ文化というものが素晴らしいという気持ちがどうしてもあるわけです。何というか、いまの時代にそういうモダンなものを吸収しないでどうするのかと。そんなね……

蓮實　古来日本の……

瀬川　ええ、神様、神様とばっかりいっていてもね（笑）、仕方ないんじゃないかと。そうした気持ちが強くなりました。特に高等科へ入ってからは、磯部忠正（いそべただまさ）という哲学の先生がドイツ語も教えてくれて……。

蓮實　わたくしの頃もいらっしゃいました。

瀬川　そうですか。磯正先生は立派な先生で、われわれはみんな傾倒したんです。わたしのクラスには梅津とか木戸とか……

蓮實　木戸幸一さんのお子さんですね。

瀬川　ええ。みんな優秀で、そういう人たちとの交友の影響も受けて、本もよく読んでいました。特に、『中央公論』と『改造』に、当時、西田幾多郎の弟子系統の京都大学の先生方が論文を継続して載せていて、われわれはちょうど東大の受験もあるので、そういう京都学派の人たちが書いている論文を一生懸命読んでいました。

それに対して、いわゆる神がかった人たちからの反駁が盛んになってきたんです。京都学派の人たちが当時展開していたのは、「世界史的立場と日本」というような、要するに、アジアで唯一発展した日本が世界史的な傾向を踏まえて、欧米植民地支配のアジアを解放しなきゃいかんという主張です。ただし、その解放する場合に、日本は同等なパートナーとして、アジア各国の特性や文化も生かした形で、運動を進めなければならないという議論ですね。当時は合理的に思えて、われわれ学生に納得できるものがありました。

蓮實　お友達もみなさんそう思ってらしたのですか？

瀬川　ええ、みんなそうですね。

蓮實　それは、学習院高等科のみなさん。

瀬川　ええ、同級生です。

蓮實　そんな時、三島由紀夫さんはどのような反応をなさるんですか。

瀬川　いや、三島とはその話はしたことがないんです。一方では、保田與重郎一派のことを盛んにいっていましたから。それで、先生もふたつに分かれて、保田與重郎一派には清水先生ともうひとりいたんですが、それはもう極端に京都学派的な考えを批判していました。そういうのは要するに、堕落だということをいって。

蓮實　おふたりもいらしたわけですか、京都学派の批判者が。

瀬川　ええ、もうひとり、清水先生と何の先生でしたか、ふたりおられました。それに対してドイツ語を教えてくれた磯部先生とか新関先生という……

蓮實　新関良三（にいぜきりょうぞう）先生。

瀬川　はい、有名な方です。そういう先生方の理論的な話には傾倒しました。カントの哲学なんていうのは、本当のところはわからないながらも、『純粋理性批判』を読んだり、カントの「内なる理性は天の星のごとく」という有名な文章をドイツ語でかじったりして、要するに、ちょっと哲学ぶったりする傾向もみんなありましたけど。

蓮實　磯部先生は、われわれのころもおられました。大学から高等科に出講しておられたのだと思います。ところで、当時はいまと違いまして、中等科が五年までありましたね。

瀬川　ええ、そうなんです。

蓮實　それから高等科が三年です。ですから、いまの高校生よりは、むしろ大学生に近い年齢だったわけです。

瀬川　高校の二年くらいになると、やはりいろんな本を読んで充実していましたが、一方で庭球部の活動にも時間を取られて、ほんとに十分な本は読めなかったんです。それでも、わりにアメリカ映画の影響を受けて、俗っぽい、モダン文化っていうんですか、そういうものにも憧れていたので、新聞小説に出てくる男女の新しい恋愛小説みたいなものは読んでいたんです。当時の記憶に残っているのは、映画にもなった『家族会議』という、たしか片岡鉄兵の小説……あ、そうじゃない、横光利一ですね。大阪と東京で株式の株買い人たちが金に飽かしていろんなことをやる話ですが、そういうのも羨ましいなと思いながら読んでいました。

蓮實　羨ましいとお思いになったんですか。

瀬川　ええ。わたしの母の実家は、横堀という姓ですが、横堀の家に行くと例の伯父たちが非常に当時からモダンで……

蓮實　ああ、この前いってらっしゃいました。

瀬川　ええ。そう、不良なの。学生時代からダンスホールの「フロリダ」なんかに通って、ダンサーと付き合ったりしていた伯父たちから、いろいろな話も聞いて、要するに、俗っぽいアメリカ文化に一方で憧れを持っていました。

蓮實　メロドラマをけっして軽蔑なさらなかった。

瀬川　そうですね。まあ、その一方で、どうしても兵隊に行かなきゃいかんということで、西田哲学なんかを読んでました。当時、同級に朝鮮貴族がふたりいたんです。李開世と李承鐘といいまして、今でも名前をよく覚えているんですが、一緒に東大に入ったリ・ショウショウは非常に優秀な男で、日本語も達者なのでよく話をすると、彼などは朝鮮出身ですから、やはり西田哲学的な考えに共鳴するんです。

蓮實　ほう。

瀬川　要するに、日本が戦うのなら、そういう立場で戦わなきゃいかんというようなことも、よく一緒に話したりしました。彼らとは一緒に東大に入るんですが、高等科で文科甲類が英語で、乙類がドイツ語、丙類がフランス語と分かれていて、僕のいた乙は二十一人中十人くらいが東大の経済と法科に入ったんです。当時は地方の人が東京へ出てくるのが大変で受験者が減りましたが、優秀な仲間が揃っていたんです。

でも、それも多くは昭和十八年の、東條さんが閲兵した学徒出陣で出兵になります。わたしはひとつ年が下だったので、十九年に出陣したわけなんです。そういう意味でむしろ、戦争がはじまってから昭和十九年に軍隊に入るまでの間は、わりに、何というか、アメリカのものは公式的には許されないにしても、映画や音楽には触れていたと。

蓮實　ご自分でハワイアンなんかやってらしたわけですし。

瀬川　そうなんです。わりにそういう文化に強く触れたということはありました。

クー・デタ未遂事件と軍歌

蓮實　ちょっとお話を前に戻しますと、二・二六では高橋是清さんが亡くなります。そして血盟団の時は團伊玖磨さんのお父さんの團琢磨さん、五・一五では犬養毅さんが亡くなります。そういう方々と何か、ご親類とかご子息と同級生といった関係はお持ちでしたか。

瀬川　亡くなった方とは直接関係はありませんが、西園寺公望さんの秘書をしていた原田熊雄男爵の息子〔原田敬策〕が、そのハワイアンのメンバーでした。彼なども難しい情勢の中で苦労していたようです。ただ、われわれは「皇室の藩屏たれ」と、もう、初等科の時から何かのたびにいわれて教えられましたが、天皇と神とを結び付ける三島などの思想には、当時から納得できませんでした。のちに戦後になってから、三島の本を読んでみてわかるのは、天皇が人間宣言をしたことが彼にとってはものすごくショックだったようです。天皇がマッカーサーのところへ背広で出かけて一緒に並んで撮られた写真がありますが、三島のその後のいろいろな奇行とも考えられる行動を決定づけたのは、あの時の写真に映っている天皇の人間宣言だったらしい。

蓮實　天皇は人間であってはいけないわけですね、三島にとっては。

瀬川　そうなんです。

蓮實　現在の天皇制とも違う、むしろ古代に近い天皇のあり方を三島は考えていたと思われます。

瀬川　ええ、ですから三島の考えは、いわゆる、現在の何とか会議なんかとも違うんでね。

蓮實　違いますよね。彼らに天皇制はほとんど出てこない。

瀬川　要するに、天皇は引っ込んで祈っていればいいということなんでしょう。だから何もしないほうがいい。天皇を元首にしておいて、天皇の名前で自分たちの勝手なことをできるようにしたいというのが連中の考えなんだと思います。これは一番危険な方向です。

蓮實　三島とも関係ないわけですね、その方向は……。

瀬川　そう、三島とも関係ない、危険な方向だと思います。とにかく、天皇制というものを現実的には理解しても、三島などが考えていた、天皇を神とするようないろいろな古来の伝説には、当時からちょっと共鳴できませんでした。

蓮實　またちょっと前に戻らせていただきますと、先ほども触れました日本で起きたいくつかのクー・デタ未遂事件のようなもので亡くなられた方に、團琢磨さんがおりますが、あの息子さんで作曲家の團伊玖磨さんとは全然お知り合いではなかったですか。

瀬川　ええ、名前は知っているけれども、全然接点はないです。

蓮實　じつは高橋是清の娘という方が、わたくしの叔父のところに嫁にまいりまして、そのころから「二二六」、「二二六」と家族でいっておりましたが、わたくしは二・二六の時はまだ生まれておりませんので、家族がいっているのをよくわからないなりに聞いて、何か日本がきな臭いところに行くなあという気は、その叔母を見ながら思っておりました。それから、犬養さんのお嬢さんの道子さんという方がいらっしゃいましたが。

瀬川　ああ、よく知っています。

蓮實　もう亡くなられましたが、道子さんが学習院でわたくしの叔母の同級生で、叔母から道子さんの話をよく聞いていたんです。そしたら、犬養さんの曾孫に当たる緒方さんという方が、あの緒方貞子さんですが、あの方のお嬢様がうちの妻のシャンタルのところにフランス語を習いに来られ、ちょっとお会いしたことがあるんです。

瀬川　緒方貞子さんは国連の立派な方ですね。

蓮實　ええ、女性初の国連公使でしたっけ。緒方貞子さんにはその時にお会いしましたが、当時は叔父や叔母を通していちおう何人か、こういったクー・デタで倒れた方々のご令息と知り合っていたので、そのかぎりにおいて何かわたくしもクー・デタ未遂のような事件はちょっときな臭いなあという感じは持っておりました。しかし当時読んでいるものは、田河水泡(たがわすいほう)の『のらくろ』とか(笑)。横山隆一(よこやまりゅういち)の『フクちゃん』であるとか、中村書店のマンガです。中村書店というのは、かなりしっかりしたマンガや物語を出しておりましたね。それから、当時を思い出すのは麻布方面なのです。瀬川さんはたぶん麻布にはあまりにお出でになりませんでしたか。

瀬川　麻布ですか、そうですね。六本木から西麻布のほうはあまり。

蓮實　いまはもうなくなってしまいましたが、三河台から六本木に行く左手に、「コクテール堂」というコーヒー屋がありまして、その二階で絶えずレコードが流れていたような気がするんですが、そこは、入るとコーヒーとお菓子とでとにかくいい匂いがするわけです。そこへ行くのが好きで、母の後について行ったりして、何か音楽を聴いていたんですけれども、その音楽が何であるかはわからず、当時、わたくしは流行歌はあまり聴きませんでしたので、結局いま覚えているのは軍歌ばっかりなんです。家にレコードがあったわけでもないのに軍歌だけはよく覚えていて、瀬川さんと違って育ちが悪いダメな人間だなあとつくづく思って（笑）。

瀬川　しかし、明治時代の、まあ軍歌といっちゃあアレだけど、たとえば「戦友」や「ここはお国を三百里」など、あの時代の歌詞は戦争一辺倒じゃなくて、戦争の辛さや兵隊の悲哀を延々と歌っているんです。もう十編か三十編くらいあるけど軍歌にも二種類あって、明治・大正・昭和初期までは、いわゆる庶民のあらゆる生活を表現する唱歌として受けとめられ、愛唱されたんではないでしょうか。

蓮實　年老いてからふと思い出して口ずさむのは、瀬川さんのようにアメリカのポピュラー音楽ではなく、なぜか軍歌が多い。「♫雪の進軍　氷を踏んで……」とか、「♫杉野は何処（いずこ）……」などは、明らかに日露戦争時代のものだと思いますが、これらはラジオで聴いて覚えたものでしょう。第二次世界大戦中のものとしては「♫轟沈（ごうちん）、轟沈、凱歌（がいか）が上がりゃ……」など、これは景気のよいメロディで、たしかそれを主題曲とした記録映画を見た気がします。ただ、「♫海ゆかば……」だけはどうしても好きになれず、万葉集の大伴家持から採られているとも知らずに、学校の仲間たちと「♫海ゆ馬鹿、水漬く馬鹿ね……」などと歌っていたのですから、「非国民」といわれても仕方ありません。でも、子供心にも、戦争末期の軍歌にはうんざりさせられた記憶があります。

瀬川　ええ、そのころの軍歌はダメですけど、明治時代から大正時代の軍歌はわりにね……

戦前の流行歌

蓮實　当時、わたくしの祖母が「♫宮さん、宮さん」という、何かそんな歌を歌っておりまして、その謳い文句に出てくる「錦の御旗」とは何だろうなあと、そんなことを思いながら聴いていた記憶があります。

瀬川さんは、昭和三年にヴィクターが初めてレコードを出したその歌詞を暗記したと書かれていますが、英語の歌詞だったんですか、それとも日本語の。

瀬川　昭和三年に堀内敬三がつけた日本語の歌詞です。とにかくほんとに子供のころで、ちょうどロンドンから帰って二、三年経った時なんです。やはりうちでもそのレコードを買ったんだと思いますが、あの歌詞はすぐ覚えちゃった記憶があります。当時の記録を見ると、おそらく日本中で五、六十万枚売れたという二村定一の歌で、「アラビヤの唄」という曲です。戦後になってちょっと調べたら、わりにアメリカではヒット曲を書いている作詞作曲家の曲で、

「Sing Me a Song of Araby（わたしにアラビヤの唄を歌ってくれ）」という内容。これはアラビヤの王様の話を題材にした無声映画の主題歌として作られたらしいんです。ところがアメリカでは楽譜がちょっと出たくらいでまったくヒットせず、誰もレコードにもしなかった。その譜を買って帰ってきたのが堀内敬三で、ＮＨＫの洋楽部長になった時に、自分で歌詞を作った。

蓮實　ああ、堀内敬三の歌詞なんですか。

瀬川　そうなんです。「♫恋人よアラビヤの唄をうたおうよ」。それで「♫砂漠に日が落ちて夜となるころ」という歌詞を「♫煙草の火が落ちて火事となるころ」って友達と一緒に歌って（笑）。

蓮實　替え歌ですか（笑）。

瀬川　ええ（笑）。そう歌ってやっぱり親に怒られたような記憶があります。不思議とその歌詞だけは、われわれも覚えていましたし、戦前のあのころの人はみんな覚えちゃってんです、日本語で。「Sing Me a Song of Araby」の英語の歌詞は、少し後になって、昭和九年か十年ころ、銀座を歩いているとよく流れていました。二世歌手の川畑文子のレコードが当時たくさん出まして、その中に「アラビヤの唄」の英語歌詞、それから「フー」の英語歌詞も入っていた。

蓮實　ああ「フー」も川畑文子が歌ったんでしたっけ。

瀬川　ええ。それで、当時は気がつかなかったけど、それをアレンジしていたのが服部良一だったんです。

蓮實　服部良一という人はものすごい活躍ぶりで、いつ休んでいるんだろうと思うくらい、たくさん書いておられますね。

瀬川　そうなんです。ですから、アメリカのこんなに進んだ映画や音楽を、ぜひ日本も吸収して優れた大衆音楽や大衆映画を作らなきゃダメだと、わたしも何となく思い始めるようになって、そうした気持ちは戦前から強くありました。

蓮實　それはおいくつぐらいからそう思われたんですか。

瀬川　もう十五、六くらいから、何かそういう気持ちがありました。それがいまにつながって、いろいろコンサートの企画をしたり、余計なことやってる。

蓮實　いや、余計なことって（笑）。

瀬川　ただ評論するだけじゃなくて、日本の音楽や映画にそういうモダン味を入れたいという気持ちは非常に強かったんです。

蓮實　そこらあたりが、「近代の超克」の人たちとまったく、正反対な考えを持っていらっしゃるんです。

瀬川　ま、物好きなんです。でも、それはひとつには、前回もお話ししたように庭球部の仲間の影響もあったんです。庭球部のわたしの五年くらい上の原田敬策という原田熊雄男爵の長男、そして芝小路豊和さんといって、彼はお公家さんですが、そのふたりが当時ウクレレとギターとボーカルで、朝吹英一さんという三井財閥の子息と一緒に「カルア・カマアイナス」として演奏していたのが、たしか僕が中学三年のころです。リーダーの朝吹さんはどうやら灰田晴彦(はいだはるひこ)に習ったのか、スティール・ギターをとにかくマスターしていて、また先輩の芝小路さんが非常に歌が上手で、要するにビング・クロスビーみたいな……

蓮實　クルーナー（笑）。

瀬川　そう、クルーナー唱法。これが上手だった。それでビング・クロスビーの「ブルー・ハワイ」とか「ハワイアン・パラダイス」とかいろいろなハワイアンをみんな歌っていました。

蓮實　それは原語で歌われるんですか。

瀬川　ええ、英語で。戦争がはじまったのが昭和十六年で、彼らは昭和十五年ごろから盛んに演奏して、昭和十七年にコロムビア・レコードに認められて、レコードがどんどん出たんです。

蓮實　そうするといまでいうプロフェッショナルと考えていいんですか。

瀬川　そうなんです。コロムビアのプロデューサーが気に入って、「カルア・カマアイナス」を専属にして、当時のSPレコードで十五、六曲は出しました。これは僕も戦後だいぶん経ってからCDにもしたんですが、とにかく朝吹さんが才があって、ご自分で日本語の作詞を書いて作曲もされて、「陽炎(かげろう)もえて」とか「君を呼ぶリラ」というようなヒット曲が広く歌われました。そういうものにもわたしは非常に感化されました。

ところが戦争が酷くなった昭和十八年（一九四三）に、原田さんと芝小路さんが軍隊に取られちゃうので解散するんです。昭和十八年のお別れコンサートには、おそらく三島由紀夫も来たと思いますが、とにかく、われわれの仲間の家族が、もう戦争中とは思えないほど着飾って——いまも写真が残っていますが——日比谷公会堂で最後のコンサートをやったという記憶がございます。みんな大正装して、そこへ行くと、どこで戦争をしているのかっていう感じで。

蓮實　輸入物のレコードが入ってきたのはいつごろからなんですか。

瀬川　これはもう昭和三年からずっと入ってきまして、わたしは両方を聴いていました。服部さんが昭和十年に大阪から出て来てコロムビアの専属になって、その初期から。ヒットしたのはやはり「別れのブルース」と「雨のブルース」です。

蓮實　あの、高峰三枝子(たかみねみえこ)が歌ったやつですか。

瀬川　いや、淡谷(あわや)のり子。

蓮實　ああ、淡谷のり子ですか。何か高峰三枝子が歌った、もっと後のものがありましたけど……

瀬川　はい、高峰三枝子もね、やはり当時たくさん出ていました。

蓮實　湖のほとり……何でしたっけ。

瀬川　ああ、そうそう。あのね……

蓮實　湖畔の……

瀬川　「湖畔の宿」、そのとおりです。大ヒットした曲です。

蓮實　「近代の超克」では「湖畔の宿」のような下らない歌が歌われているって書いてあるん

ですけれど（笑）、もう本当にそういう、民衆的な動きというのを彼らはまったく理解もせずに無視している。瀬川さんは、一方でアメリカのジャズをお聴きになりながら、日本の流行歌にも絶えず目を配っていらしたんですか。

瀬川　ええ、日本の流行歌も好きでした。「愛染かつら」なんか全部覚えちゃったりとか。近くの神楽坂にレコード屋があって、その前を通ると必ず流行歌を流していたもので、当時、最新流行歌を集めて歌詞とメロディを載せている本を買って、自分で節をとって指でピアノの鍵盤でメロディを弾きながら、歌を覚えたりしていました。

蓮實　ご同級で、瀬川さんのように、日本の流行歌なんかを愛する方はいらしたわけですか。

瀬川　まあ、ディック・ミネや灰田勝彦（はいだかつひこ）なんかを聴いてる仲間はいましたけど、いわゆる歌謡曲を聴いている者はあまりいませんでした。とにかくハワイアンが当時非常に盛んでしたから、同級生はみんなハワイアンを聴いていました。

宝塚とＳＫＤ

蓮實　日本の流行歌も聴かれて、いま一方では、京都学派の書かれたものまでをしっかりと読まれ、と同時に、もう一方でアメリカの文化、映画や音楽も吸収されると。それはお友達のハワイアンをなさっていた方などにも多かったんですか。

瀬川　はい、もういっぱいいます。

蓮實　いっぱいおられたということですけれども、そういう人たちは学習院のなかでは、あいつアメリカのレコードなんか聴きやがってというような反発はなかったんですか。

瀬川　それはまったくなかったです。

蓮實　そうすると、聴いていらっしゃる方がそれだけ豊かな体験をしているということになるわけですか。

瀬川　そうですね。日劇（日本劇場）なんかにも行っている仲間が多かったんで、日劇の彼女はいいとか悪いとか、そういう噂もして、しかも彼らは勉強では東大に入ったようなのがたくさんおりました。

蓮實　日劇というのは映画と舞台との両方ですか。

瀬川　そう、両方あります。

蓮實　かわりばんこに。

瀬川　はい。お姉さんが宝塚が好きだとかいう仲間が結構いっぱいいました。ですから宝塚の歌もみんなで歌ったりした。

蓮實　瀬川さんご自身は宝塚はご覧になったんですか。

瀬川　戦前は観なかったです。戦後は少し観ましたけれども。

蓮實　そうですか。やはりわたくしの母なども宝塚にはよく出かけていました。夜の部で遅くなると、翌朝おみやげを見るのが楽しみでした。

瀬川　あのころはそうでしょう。宝塚は「モン・パリ」「サ・セ・パリ」などを完璧にやっていました。

蓮實　「サ・セ・パリ」は母もよく歌っていたという記憶があります。前回も話題になったミスタンゲットというような名前を覚えたのも、やはり子供時代だったと思います。

瀬川　そうですね、ミスタンゲットという名前だけは、非常に印象深い。

蓮實　でも、わたくしがミスタンゲットという不思議な名前を覚えたのは、少なくとも瀬川さんの十二年後なんですけれども（笑）。

瀬川　声が非常に低いでしょう、ちょっと男かなと思うくらい。おそらくあの曲を宝塚は昭和の初めからすでに採り入れていたんだと思います。

蓮實　その宝塚というものが一方にあり、それから本家は兵庫県ですけれど、東京に松竹歌劇団（ＳＫＤ）がありましたが……

瀬川　ええ、競争して。

蓮實　はあ、競争していたわけですが、どちらか力を込めて応援していらしたほうはあるんですか。

笠置シヅ子のインパクト

瀬川　残念ながら戦前にはＳＫＤはまったく観たことがなかったんです。でも笠置シヅ子は観ました。当時、もう開戦間近の昭和十三、四年ごろ、女性だけのレヴューでは時代遅れだと、松竹がアメリカを真似て男性を加えたレヴューを作ろうと「松竹楽劇団」を創設するんですが、その劇団に笠置シヅ子が入団して、帝国劇場でデビューしたんです。当時アメリカのジャズを愛好していた益田さんという一族がいたり、服部良一が専属バンドを作ってホット・ジャズをどんどん舞台でやっていたり、そんななかで笠置シヅ子が現れたわけです。

先ほどお話ししたわたしの伯父たちも松竹楽劇団に熱狂していて、一度連れてってもらったんです。そこで笠置シヅ子の歌を聴きました。曲はみんな服部さんがアレンジして、作曲もしていて、「シング・シング・シング」とかアメリカの曲も歌っていましたが、服部さんが作曲した「ホット・チャイナ」とか「ラッパと娘」を歌って、それがとにかく素晴らしかった。「ラッパと娘」はアメリカ映画の『画家とモデル（Artists and Models）』（一九三七）で、ルイ・アームストロングと口の大きな女性歌手のマーサ・レイが出てきて掛け合う場面を真似たものなんです。日本人のトランペッターと笠置シヅ子が掛け合う「ラッパと娘」という曲は、おそらく日本のジャズ的な曲としては最高だったと思うんです。これが歌われたのが、もう開戦直前の昭和十五年ごろですね……これを観て、松竹からは笠置シヅ子が出てきたということがわかった程度で、いわゆる松竹少女歌劇のレヴューを観るのは戦後です。戦後に宝塚も松竹も両方観ると、SKDは女性を前面に出して、まあ、ちょっと男性が好きなような、脚をいっぱい出すレヴューをやってくれる。宝塚はどうしても小林一三さんの「清く正しく美しく」という方針があるので、あまりそういうことをやってくれないんです。だからレヴューの艶めかしさをエンジョイするっていう意味では松竹のほうがよかったです。

蓮實　それは戦前の松竹ですか。戦後ですか。

瀬川　戦後です。戦前は残念ながら観てないんで。

蓮實　戦前の松竹で、成瀬巳喜男の『乙女ごころ三人姉妹』（一九三五）という映画に、浅草の踊り子たちが出てくる場面がありまして、脚線美をみんな揃えた……

瀬川　あ、出てますか。

蓮實　はい。出ていたと思います。今度お見せしてもいいと思いますけれども。

瀬川　何ていうタイトルですか。

蓮實　『乙女心　三人姉妹』。

瀬川　高峰三枝子なんかも出ていたんじゃなかったですか。

蓮實　高峰三枝子じゃなかったと思います。川端康成の原作で、出ているのは、堤真佐子と細川ちか子という渋い面々ですが、紙恭助作曲ですから音楽は本格的なものでした。高峰三枝子が出ているのは、『浅草の灯』（一九三七）でした。彼女が歌手デビューした島津保次郎監督の作品で、こちらの方が有名ですね。

瀬川　その『乙女心　三人姉妹』という映画は、浅草オペラの歴史を題材としているんですか。

蓮實　いや、歴史ではなくて、単にそういうところが一部見えただけで、あとは主演女優のお話になってしまう。昭和十年の作品です。それはきれいなものでした。

瀬川　じゃあラインダンスも。

蓮實　はい、ラインダンスもやっておりました。ところで笠置シヅ子は、どうも宝塚を落ちて、必死になって東京に来た人だということを聞きましたが、宝塚と松竹では、発声法なんかが違うんですか。

瀬川　宝塚のほうがオペラティックな発声をして、松竹のほうはもう少し個性的な、いわゆるジャズ的な発声でもいいということもあるかもしれません。それからもうひとり、戦後、笠置シヅ子と並んで大阪のＯＳＫに、秋月恵美子というタップのものすごくうまい人がいました。彼女が脚を出してタップを踏む姿は、もう、素晴らしかった。ですから、ＳＫＤレヴューというのは戦前から、笠置シヅ子や彼女のような芸能に卓越した人材をたくさん輩出したんです。彼女たちは松竹楽劇団という男性との混合レヴュー団のほうに入って活躍するわけです。

蓮實　それはＳＫＤとは違う組織なんですか。

瀬川　そう、松竹傘下です。

蓮實　帝劇というのは当時は東宝系じゃなかったんですか。

瀬川　ええ、そうなんです。松竹が東宝の小林さんから昭和十六年ごろまで借りていたんです。

蓮實　ああ、借りていたっていうことですか。

瀬川　はい。ですからＳＫＤも笠置シヅ子も服部さんも、それまでは広い帝劇でショウを開催したんですが、その後は邦楽座とか映画劇場のアトラクションで興行していたみたいです。

蓮實　邦楽座というのはピカデリーになったところですよね。

瀬川　はい。

蓮實　瀬川さんは、笠置シヅ子なんかはやはり、これは良し、という感じですか。

瀬川　はい、当時は。その前にやはり服部さんが目を付けて、淡谷のり子と南里文雄（なんりふみお）というトランペッターをかみ合わせて、「私のトランペット」という曲を発表しています。これも、日本の流行歌としては非常に優れたものだと思いました。服部さんは、淡谷のり子と笠置シヅ子を起用して、いわゆる演歌的な流行歌や歌謡曲とは別の、ジャズ的でモダンな流行歌を作ったという点では、戦前からわたしは非常に好きでした。

蓮實　ですからやはり、昭和十三、四、五年くらいの服部さんの活躍というのはすごいです。

瀬川　はい、すごいんです。

蓮實　もう、あんなにできるものかと思うくらい次々に。

瀬川　そう思います。かえって、そのころのほうがあまり先見性にとらわれない、服部さん独自の、一番自分が好きなジャズの手法を、いろいろ入れている曲が多かった。結果それが流行歌となるんですが、戦後はかえって、売れなきゃいけないというんで、他の作曲家と似たような曲が多いんです。

戦前の「シャンソン」

蓮實　いや、しかし、瀬川さんは日本のものを充分ご覧になりお聴きになった上で、さらにまたアメリカのジャズもお聴きになると。それから、フランスのものさえ聴いていらしたわけでしょう。

瀬川　ええ、コロムビアからシャンソン・アルバムがふたつ出まして、ジャケットの絵は例の有名な画家の……

蓮實　ロートレックか何か。

瀬川　いや、日本人でフランスにいた……ああ、藤田嗣治（ふじたつぐはる）さん。彼が描いた絵がジャケットになっていて。

蓮實　ああ、しゃれたものですね。

瀬川　そうなんです。『シャンソン名曲集』といって、レコード六枚くらいが入った大きいアルバムがふたつ出て、これはよく売れましたし、わたしもよく聴きました。有名な、あの例の「Parlez-Moi d'Amour」を歌った……

蓮實　リュシエンヌ・ボワイエ。

瀬川　ええ、リュシエンヌ・ボワイエ。それから、「Amapola」を歌ったのはティノ・ロッシ、あとシャルル・トレネや、それから、リナ・ケティという歌手もいました。

蓮實　それは知りません。

瀬川　リナ・ケティは「♪ジャッタンドレ〜」って、「待ちましょう」という「J'attendrai」を歌っていました。

蓮實　ああ、「J'attendrai」はその後、ティノ・ロッシやダリダも歌っているスタンダード・ナンバーのひとつですよね。それを最初に歌ったのが、リナ・ケティとは知りませんでした。瀬川さんが、アメリカのポピュラー音楽ばかりではなく、フランスのシャンソンにまで通じておられるとは、驚きました。「シャンソン」ってフランス語では単に「歌」っていう意味なんですが、フランスのある種の歌曲を意味するようになったのは要するにそのころですね。

瀬川　そうです。そういうのを聴いておりました。それから『巴里の屋根の下』や『巴里祭』と、映画も良かったですし。

（インターネットで検索された藤田嗣治の絵が施されたシャンソン・アルバムのジャケットが提示される）

瀬川　ああ、そうそう、これ。

蓮實　いや、これは！

瀬川　これ、みんな持っていたんです。ものすごく売れたんですよ。

蓮實　ジャズなどと違った意味で、フランスのシャンソンがあるステータスを持っていた。

瀬川　もう、非常にありました。

蓮實　ですから、うちの母などもよく歌っていたりしたものです。

瀬川　そうでしょう。

蓮實　……それにしても、そのシャンソン・アルバムもほんとにモダンですねぇ。

瀬川　そうなんです。すごいですよ、あのジャケットは。

蓮實　一方であんなにモダンなのに、どうして「近代の超克」なんて古くさいことをやったのかほんとにわからない。しかもそこにアメリカ文化というのはまったく考慮に入れてないんですから。

瀬川　そうですね。ある意味で一九二〇年代に、フランスには世界中からいろいろな……

蓮實　はい、当時の国際連盟のもとに国際知的協力委員会というのもありました。それが、のちのユネスコに発展するわけです。単に「委員会」と呼ばれることもありますが、一九二二年のジュネーブでの第一回会議の議長を務めたのが、フランスの哲学者アンリ・ベルクソンでした。のちに同連盟の文学芸術委員会の議長を務めたのが、やはりフランスの詩人ポール・ヴァレリーです。

瀬川　それにフランスには、世界からいろいろな娯楽も入って、また中南米のものも入りましたし、かえってニューヨークよりも、世界的な縮図というか……。

蓮實　でもやはり最終的には、ドイツの知識人たちも、ユダヤ系の人たちは、フランス経由でアメリカに逃げるわけですし、ヨーロッパの文化人はアメリカの文化にずいぶん貢献したわけです。

瀬川　たしかにそうです。でもフランス文学の翻訳本も、戦前日本ではずいぶん出版されて、盛んでした。

蓮實　ええ、戦時中もフランスは敵国ではないということで、映画も入ってまいりましたし、だから、ヴァレリーなどの翻訳も可能だったんです。

瀬川　ああそうか、なるほど。

蓮實　ですから、フランス文学、ドイツ文学は入ってきていて、アメリカ文学、イギリス文学は入らない、という形です。

瀬川　はい、それから当時の日本では、アメリカ文学を研究する人なんて非常に少なくて。

蓮實　ええ、やっといま、アメリカ文学の研究者がアメリカの研究者たちと対等に議論できるようになったところだと思いますが、以前は本当に日本のアメリカ文学研究は遅れておりました。

瀬川　そうですね。

一九三六年生まれの日本映画二本　『浪華悲歌』『祇園の姉妹』

蓮實　ところで、わたくしは戦争に向かう当時は映画も音楽もまったく接しておりませんので、自分の生まれた年にどんな映画があるかということだけが誇りの人間でございまして、それで、瀬川先生にちょっと見ていただきたいのは、溝口健二が一九三六年に撮った二本の傑作なんです。『浪華悲歌（なにわエレジー）』（一九三六）と『祇園（ぎおん）の姉妹』（一九三六）という映画です。『祇園の姉妹』の最後ではタクシーが出てきて運転手がすごい運転をして、当時の交通手段の場面としては、たぶん非常に新しいことをやっていたと思います。一方、『浪華悲歌』のほうでは、できたばかりの大阪の市電の中に山田五十鈴（やまだいすず）が出てまいりまして、そこをちょっと見ていただいて、本日の前半を締めたいと思いますけれども。

瀬川　ああ素晴らしい、ありがとうございます。

蓮實　三六年ですから、東京だって地下鉄はまだ完全には走ってないわけです、昭和十一年は。

【上映開始】

瀬川　電車の中ですね。

蓮實　はい、地下鉄の中です。

瀬川　ああ、ちゃんと電車が動いてる。

蓮實　これは完全に地下鉄のなかでロケをしてます。

『浪華悲歌』山田五十鈴、監督溝口健二、1936年

瀬川　なるほど……ああ、地下鉄の構内もちゃんと映っていますね。
蓮實　この場面もたぶんロケなんです。
　　女声Ⅰ　うちを飛び出したりしたゆうて、兄ちゃん姉ちゃんのことボロクソにいうてはったで。
　　女声Ⅱ　ほっといて。余計なお世話や。わてにはわての考えがあんのやさかいな。偉そうなこというな、チンピラのくせに。
瀬川　（笑）。
　　女声Ⅰ　よっしゃ、そないにいうんやったらほっとく。ほっとくが。
　　女声Ⅱ　あほう。
瀬川　台詞がハッキリしてるねえ。
蓮實　ここらへんもすごいんです。
瀬川　ねえ、撮影がすごいですよね。
蓮實　はい、山田五十鈴が十八か十九であの役をやるんですから、大したもんだと思います。

瀬川　ああ、山田五十鈴という人は非常にきれいね、ほんとに。

蓮實　この『浪華悲歌』で、映画に大阪の地下鉄が初めて出たんだと思います。しかも、東京の地下鉄はまだ渋谷・浅草間はつながってない時期にです。

瀬川　そうですか、じゃあ大阪も早いんですね。

蓮實　大阪も早いんです。

瀬川　大阪でロケをしたのね。

蓮實　溝口は日活の契約監督でしたから、東京生まれでしたが大震災で京都へ移って、それで関西に住みついちゃう。だから谷崎〔潤一郎〕さんともどこか似ている。もっともこれは日活ではなく、第一映画社という独立プロの作品です。

瀬川　ちょうどこのころは、こういう電車が映画に出るのがずいぶん流行（はや）ってるじゃない、例のあの、ビール売りの……

蓮實　ああ、P.C.L.第一作目の『音楽喜劇　ほろよひ人生』（一九三三）。

瀬川　あの作品もちょうど電車が登場しますね。

蓮實　あの電車はロケではなくてセットですね。

瀬川　はい、あの映画は立派なセットでした。……しかし、いわゆるこういう電車とか自動車という交通手段は、映画にとっては非常に重要なんですね。

蓮實　はい。ですから小津の戦前の作品にも高級車がよく登場しています。

瀬川　たしか戦前に、トヨタがアメリカ車に劣らない自動車を作ろうといって、モダンな大きな車を一時出していましたが。

蓮實　戦前ですか。

瀬川　戦前です。それがどの映画でしたっけね、何か、自動車会社の……

蓮實　宣伝用の映画ですか。

瀬川　たしか、社長の息子が出てくるような内容で。それがものすごいんです。もう、こんなモダンな自動車が日本にあったのか、と思うような自動車が出てくる映画がありました。

蓮實　それはドキュメンタリーですか。

瀬川　いえいえ、劇映画。

蓮實　それはぜひ見たいですね。そういう交通手段というのは、すぐさま映画でみごとに活用される場合と、下手に活用される場合があるんですが、さっきの溝口の作品などは、ほんとにみごとなんです。溝口は、本当はロケーション撮影が好きな人じゃないんですけれども。

瀬川　ねえ、しかし大変克明でしょ、戦前のロケでこれだけね。

蓮實　昭和十一年ですから。

瀬川　映画も昭和十年から十二、三年ごろは内容も非常に濃い。

蓮實　そのころは本格的なトーキーになって四、五年経ち、画面も落ち着いて、ほんとに素晴らしい映画がたくさんあります。

瀬川　ええ、いいものがありました。まあ段々、統制で難しくなってくるんでしょうけど、トーキー初期のころは相当重要です。

蓮實　そのころの小津の映画の中に、皇族らしい少年が出てくる映画があるのです。『淑女と髯（ひげ）』（一九三一）という映画なんですが、小津はトーキーで撮るのは少し後になってからですから、この映画は昭和六年のサイレント作品です。剣道の試合に来賓として参列しているその皇族が、そこらへんの椅子か何かの毛を持って、ふうっと上へ飛ばしたりしている場面があり、学習院を舞台にそんな描写をしちゃいかんと検閲に引っかかったんですが、櫻の記章ではないから、これは学習院ではないと小津さんがいい張って、通しちゃったということがあったらしいんです。

瀬川　なるほど。

蓮實　だからその時期の内務省の検閲は、まだまだ大らかだったんだと思います。その後そんな描写はダメになったと思いますけど。

ところで、『祇園の姉妹』もＤＶＤを持って参りましたので、タクシーのシーンをご覧になってください。これもロケなんです。

【上映開始】

瀬川　移動の撮影がすごいね。

蓮實　タクシーの中がすごいんですねえ。

『祇園の姉妹』山田五十鈴、梅村蓉子、監督溝口健二、
1936年

男声Ｉ　そのへんで高級なだんさんついて巻き上げたんとちがうか、おい。
女声　へんなんいわんといておくれやす。
男声Ｉ　ええ顔しててな、ええ旦那はんものうて、相変わらずガツガツしてんのかと思うと、ほんまにかわいそうなもんやな。
女声　何いうはんのどす。黙ったふうでええ気になって、やめとくれやす。で、くどうはん一体どこにおりやすのどす。
男声Ｉ　くどうはん、いやあ、あかんあかん。あんなしみったれた旦那、あんなやめとき。わしが金をぎょうさん持ってる極道もん世話してやるさかいな。若いのでええのやったら、わし、どや。旦那になってやってもええで。それとも、この色男どや。
瀬川　発声がハッキリしてるねえ。ずいぶんよくわかるじゃない。
女声　バカにせんといて。わてはそんな女やあらへん。
男声Ｉ　なんかいってはるね、なんぼえらぶいたってあっかい。お前らな、金さえ出せばええねんねんけ。黙って俺たちについてこい。あっちゃかわいがったるさかい。

女声　アホ。何てことというんだアホ。わてに何の恨みがあってそんなこと。

男声Ⅱ　おもちゃ、久しぶりやね。おかげさんでこんなことしてるわ。今夜はな、じっくりあんたに恨みいうつもりや。

女声　きむらはん。

男声Ⅱ　ああ、わしを恨みに思うてる？　分相応に、ちゃあんとお礼がしたいわ。

女声　降ろしとくれやす。

男声Ⅱ　いやや。あきまへんわ。

女声　降ろしとくれやすいうたら……

瀬川　いやいや、すごいですね。車窓の移動風景も緊迫しています。

蓮實　溝口は、ロケーション嫌いだといわれているんです。だけど、やる時はこのようにみごとにやってのけます。まあ全部が全部ロケかどうかはわかりませんけれども。

瀬川　素晴らしい。

「近代の超克」とアメリカ

蓮實 それでは本日の後半を始めさせていただいてよろしいでしょうか。

先ほど申し上げましたが、わたくしは戦争に向かうころの記憶はほとんどありませんので、まさに先ほどのお話にあった『中央公論』の昭和十七年一月に掲載された「世界史的立場と日本」というような座談会や、同年十月の『文學界』に掲載された「近代の超克」の座談会もまったく知りません。戦後、大学時代にそれがあったことを知り、また、ここにお持ちした廣松渉著作の『〈近代の超克〉論』という書物などが八〇年代初頭に出版され、ああ、これは何だったんだろうという形であとから認識したにすぎません。廣松さんという方はマルクス主義的な学者なので、京都学派に対しては批判的だったのですが、そういうものを通してわたくしは学んでいったのです。ですから、本当に当時戦争に取られるかもしれないと思っていらした瀬川さんが、そういうものをお読みになったという、そのリアルタイムでの体験は、いまは誰も知らないわけなんです。もう過去のものとして取り上げて論じるということ以外には。

他方、いわゆる京都学派の四人が集まったというその『中央公論』誌の長い座談会に出席した高坂正顕さんという方には、フランス留学時代にお目にかかったことがありまして、わたくしが通訳とガイドをして、夕方、ヴォルテールもよく通ったというカフェのようなところでお食事をご馳走していただいた記憶がありますが、ああ、この人が高坂さんかと、もうそのように、まったくのちになってお会いしたにすぎません。しかし、高山岩男の『世界史の哲学』にしても昭和十七年には出ており、それにやはり瀬川さんが当時触れていらっしゃることを今日は実感しております。

瀬川　高坂さんはもうお年だったの。

蓮實　お年でした、七十歳は過ぎておられたと思います。それから京都学派の四人のひとりの西谷啓治さんという方については、わたくしの父も西谷さん、西谷さんとよく話にしておりましたが、そういう方々の著作が、たとえばその廣松さんの書物のように、いまなら批判しようと思えばいくらでもできるわけです。ただし、これからことによったら応召するかもしれないと思っていらした瀬川さんがその議論に触れ、当時どのようにお感じになったかは、いまはもう再認できません。したがって今日のご証言というのはとても重いものだと、本当に重要なことだと思います。そして、これは瀬川さんの御著書でも言及されている、蓑田胸喜という人物ですが、最近彼が妙に再評価されているんです。

瀬川　それは「何とか会議」の連中によってですか。

蓮實　そうでもないんです。ロシア語の達者なモスクワ大使館の書記官だった、名前は何ていったっけな……ああ、佐藤優さんですか。彼などは蓑田さんを妙に評価しているんです。でも、蓑田という人は、いちおう、東大出の秀才で、かなり理論的なことをいっているのかと思うと、とんでもないところで天皇制に行ってしまう。ただし、そういうものの批判を、瀬川さんは高等科時代にお読みになったわけですか。

瀬川　蓑田はたくさんいろんなことを書いているけど、彼自身の論理は筋が通っていたといわれたりもします。しかし、当時、全体に非常に神がかった理論が多くなってきていましたので、個人的な思想を深く理解するという以前に、天皇制を神と結びつけて一般的に論ずる風潮を、わたしはもう、非常に、忌避していました。

蓮實　そういうお友達はまわりにいらしたわけですか。

瀬川　ええ、そうですね。大変強烈に覚えているのが、やはり学校の先生で清水さんじゃなくてもうひとり、保田與重郎の日本浪曼派を非常に推薦する方がいまして、あの時はどうしてその先生が教室に来たのか思い出せませんが、とにかく、西田哲学と京都学派を痛烈に批判するのを聞いたんです。しかし、東大の受験の時に、現在の自分たちの思想体験を書けという課題があったので、それがひとつ大きなきっかけとなって、まわりのみんなは特に、むしろ京都学派の方向性に近い考えを書いたと思います。

蓮實　それで合格されたわけですね。

瀬川　そうです。東大の現役の先生に、岡義武（おかよしたけ）という政治史学の立派な先生がおりまして、それから、宮澤俊義（みやざわとしよし）さんとか、みんな合理的でしたから。

蓮實　それから、浅野晃。

瀬川　はいはい、浅野晃も。

蓮實　この方はマルクス主義にもいちおう関わっているんです。

瀬川　ああそうですか、なるほど。

蓮實　そちらのほうから転向されたようですが、蓑田さんは転向なしで亡くなってしまわれた。一方、保田與重郎に惹かれる方々、たとえば瀬川さんの弟さんの昌治さんなどは、ジャズを聴いたり映画を見たりはなさっていたんですか。

瀬川　ええ、映画はもう大変なもので、特に時代劇は当時全部見ていました。メジャーでない時代劇専門の会社がいくつかありましたが、弟はそういうのも全部見ていたようです。

蓮實　やはり弟さんとは方向はいくぶん違ったわけですか。

瀬川　そういう思想的な議論をしたことはないんですけど、ちょっと違いました。わたしが思うのは、戦後、要するに京都学派の人たちがみんなパージされたことが残念だったと。終戦直後はとにかく左翼的でなければ全部パージということでした。別に戦争を礼讃したのではなくて批判的だったのに、その彼らがみんなパージされた。戦後のその風潮に対しては非常に残念でした。

蓮實　簡単に要約することはできませんが、高山さんがいってらっしゃるのは、ヨーロッパの歴史というのがある。それに対して西アジアの歴史もあれば、東アジアの歴史もあると。それで、そのどれかひとつを、いわば完全なものとして考えてはいけないということなんです。それぞれがそれぞれの発展形態を持っているということで、ヨーロッパ中心的な視点とは違う立場を出されたわけです。それが世界大戦にどう結びついていくかということをいっていたんですが、今回も『中央公論』の一連の討論などを若干読み直して、やはり決定的に彼らに欠けていたのは、アメリカということだと思うんです。これから戦争すべき国がアメリカなのにもかかわらず、この方々は必ず「英米」といわれるわけです。英のほうが先なんです。そうするとやはりヨーロッパということになります。瀬川さんが、にもかかわらず、「世界史の哲学」というものに惹かれて、それはまさにいま自分たちが置かれている状況を説明してくれるんじゃないかと思われたことは、いまのわたくしにもよくわかります。ですから、そのご体験そのものは、絶対にもうお変えにならず、そしていま彼らがパージされたことを残念に思ったとおっしゃいましたが、たしかにパージされるほどのことではないと思うんです。そのことよりも、「近代の超克」の座談会にしても、機械文明というものをいちおう受け入れざるをえないといっているようでいて、そうではないことのほうが見逃しがたい。その背後にあるアメリカというものに対する畏れみたいなものは、おそらく高山さんもあんまり持ってなかったんじゃないか。そのことのほうが問題ではないでしょうか。

瀬川 ああそうかもしれませんね。

蓮實 実際に戦争している相手はアメリカ、つまりアメリカに日本は負けたわけですから、そのあたりのことを彼らがどのように考えたかということは、もう一度考えてみる必要があると思います、その、「近代の超克」の場合は。いま自分たちが生きているのが、アメリカ文化を中心とした複製技術によって可能になる海外の知識、あるいは海外の感性に触れることだという認識がどのようにされたのかというと、これが曖昧きわまりない。曖昧というより、ヴァルター・ベンヤミンが「複製技術時代の芸術」と呼んだものと真剣に向き合おうとする姿勢が彼らにはまったく見えない。「近代の超克」の座談会にも「アメリカニズムとモダニズム」という項目はいちおう立ってはおります。また、映画評論家の津村秀夫は、座談会に先だって書かれた論文に、「現代文化評論家はもう少しアメリカニズムの影響を重視せねばならぬと同時に、アメリカニズムが将来の東亜文化圏の建設にあたって如何に見えざる障害となるかについても想ひを致さねばならぬ」と主張してはおります。しかも、「ジャズ音楽は歐洲を風靡した」とまで書いていますが、この言葉などいかにも他人事のように響き、同時代の日本については目をつむっています。

大東亜戦争が勃発した日の晩、ひそかにトミー・ドーシー・オーケストラが演奏する「愛のカクテル（カクテル・フォー・トゥー）」を聴かれたひとりの日本の高校生がいたという現実の前に、あまりに抽象的すぎる議論と聞こえてしまいます。そして、戦後の日本を真に築かれたのは、まさしくジャズに狂っておられたその無名の高校生、つまり瀬川さんのような方だったのです。実際、終戦期における引き揚げ船でのご活躍や、講和直後のニューヨークでの日本の銀行の支店開設へのご尽力などによってそれは明らかですが、それについては、のちほど、詳しく伺うつもりでおります。

ところで、「近代の超克」の最大の問題点は、座談会での中心的な人物たちの粗雑な現状認識です。つまり、河上徹太郎と小林秀雄の暴言によって、「複製技術時代の芸術」は議論の対象から放逐されてしまっているからです。河上はいっています。「然し僕にいわせれば、機械文明というものは超克の対象になり得ない。精神が超克する対象には機械文明はない。精神にとって機械は眼中にないですね」。それに対して小林秀雄は、「それは賛成だ。魂は機械が嫌いだから。嫌いだからそれを相手に戦ひといふことはない」という言葉で賛同しているのです。しかし、それにしても、何という浅薄きわまりない言明でしょう。それは、映画やレコードによる音楽の享受など、「近代人」にとっては何の意味もないといっているのと変わりがなく、ほとんど「近代」には目を向けないといっているに等しい態度なのですから。「近代の超克」なるものが、河上にとっての「精神」、小林にとっての「魂」の問題でしかなくなってしまったとしたら、あえて集まって知的に議論するまでもないことです。ところが、その集団は「知的協力会議」と名乗っているのですから、先ほど挙げたヨーロッパの「知的協力委員会」の猿真似にすぎません。しかも、その中心人物である小林秀雄は、いきなりモーツァルトが素晴らしいという。でも、前回の対談の折に大谷能生さんがいっておられたように、彼が道頓堀でモーツァルトに魅入られたのは、まさしく近代の「複製技術時代」が生んだ典型的な音の複製手段にほかならぬレコードによるもの以外の何ものでもありません。

映画評論家の津村秀夫は、アメリカ映画の危険な魅力を批判的に語っています。しかし、彼がそういっているのとほぼ同時代に、先ほどお見せした溝口健二をはじめ、小津安二郎にしても、成瀬巳喜男にしても、日本映画のしかるべき監督たちは、既に世界の最先端を行く作品を撮っていたのです。それは、その後の世界映画の歴史が証明していることです。しかし、津村秀夫という評論家は、同時代の日本の作家たちの活動にはほとんど言及しておりません。また、少なくとも、その論文によるかぎり、大東亜戦争を推進するかのごとき言葉を発していますが、戦後も映画評論家の権威として文章を書き続けて認められていました。わたくしの中高生時代には、『週刊朝日』に見開き二頁の時評を書いていましたが、その批評は権威主義的で、わたくしはまったく信頼していませんでした。それにしても、戦前、戦中の津村秀夫という映画評論家は、それなりに評価されていた方だったのですか。当時の朝日新聞の記者ですね。

瀬川　そうですね、津村秀夫さん、有名でした。

蓮實　しかし、あまり映画のことを擁護せず、アメリカ映画のいかなる作家がどのようにすごいんだというふうにはまったくおっしゃっていない。映像や音響ではない言葉におさまってしまう。そのあたりにこの座談会の大きな……汚点のようなものがあるという気がしておりました。

それでこのＤＶＤは、瀬川さんから拝借した島津保次郎監督の『私の鶯』（一九四四）ですが、これには山口淑子、というより李香蘭が出てきます。この映画を拝見いたしまして、わたくしは李香蘭という女性は流行歌手だとばかり思っていたら、本格的なオペラも歌える人なん

『私の鶯』李香蘭、監督島津保次郎、1944年

ですね。

瀬川　ええ、勉強したんですね。

蓮實　ええ。しかし、それにはやはりレコードを聴くことも、絶対に関わっていたと思うのです。単に勉強するだけではなくて、誰々の歌というようなものを。

瀬川　おそらく、本格的な歌を勉強する人はみんなオペラを聴いていたでしょうから。

蓮實　そう、オペラを聴いていたということで、『私の鶯』の最後のあたりをもう一度ご覧いただきたいと思います。

李香蘭『私の鶯』

瀬川　この映画はしかもロシア語なんですね。それでオペラ的に歌っています。

蓮實　ほとんどこれ、ロシア映画みたいなもんです。

瀬川　ええ、すごいんですよ。

蓮實　ほんとにロシア映画みたいで、白系ロシア人たちが出てきます。映画のなかで李香蘭のお父さんが白系ロシア人ですから、あの設定はお母さんが亡くなったってことになるんですね。

瀬川　ええ、そうですね。ロシア革命後に日本人に救われた白系ロシア人が、その日本人の妻子を救う話で、李香蘭は娘役ですね。その白系ロシア人がオペラ歌手で、戦禍で満州から逃げる李香蘭とそのお母さんを救うのですが、お母さんが亡くなっちゃったんで、李香蘭は白系ロシア人の養子になった。だから、映画のなかで、養子になった子に、オペラ歌手のお父さんの歌はもう古いっていわれちゃうのね（笑）。古い古いっていわれちゃう……ああいうところがなかなか、脚本もよくできてる。

【上映開始】

蓮實　これから劇場で歌うところですね。

瀬川　ここで彼女がロシア語で完璧に歌っているんですね。ですが、これはやっぱり、こういうオペラティックな作曲をした服部良一さんの音楽的な才能をすごいと思います。

蓮實　ええ、本格オペラの歌なんですよね。……服部さんが作曲してらっしゃる。

瀬川　ええ。……ここがね。

蓮實　……李香蘭は歌えるんですね。……パチパチパチパチ（拍手）。

瀬川　立派なもんです。

蓮實　李香蘭が日本人だということは、当時、ご存じだったんですか。

瀬川　いいえ、わたしは知りませんでした。そういうことも一部でいろいろいわれていたらしいですが、決定的じゃなかった。

蓮實　そうすると、満州人か中国人かまったくわからないけれども、素晴らしい歌手が出てきたという形で。

瀬川　そういうことです。われわれにとっては要するに、アメリカ映画がもう見られなくなったんで、歌がうまいアメリカの女優さんに代わる存在。

蓮實　他の作品もたくさんご覧になっていたんですか。

瀬川　ええ、かなり見ました。でも、この映画は当時まったく公開されずに終わりましたので見てないんです。李香蘭というのは、日本に協力した日本の傀儡的な中国の美人歌手という認識だったんですが、この映画があったことを知って改めて認識しました。すごかったなということね、これだけの映画を作ったというのは。

蓮實　全部ハルピンロケでやっておりますし。

瀬川　島津保次郎監督、それと李香蘭。この重要さを再認識いたしました。

蓮實　このように本格的な歌を歌える人と、それから本格的な歌は歌えないけれども、服部さんの歌が非常に通俗な意味でも観客を捉えるというような……

瀬川　はい、両面。

蓮實　はい。じつは、声の質はもうまったく比べものになりませんけれども、高峰秀子が歌う『阿片戦争』のなかの曲をちょっと見ていただきたいと思います。

瀬川　結構ですね。「♫風は海から」ね。

『阿片戦争』原節子、高峰秀子、監督マキノ正博、1943年

映画『阿片戦争』

蓮實　この映画は、日本人の役者が英国人をやれば中国人をも演じるという戦時期の作品ですが、そこでの高峰秀子は原節子の妹役で、清朝時代の中国人を演じています。彼女は目を患っており、その治療のために広東にやってくるのですが、折りから阿片戦争直前の混乱期で、雑踏の中で妹は姉からはぐれてしまう。目がよく見えない高峰は阿片窟を経営する男に拐かされ、その店で歌を歌わされている。その歌が、名高い「風は海から」で、服部良一作曲によるものです。

瀬川　なるほど。『阿片戦争』は戦争が始まってから作られたんですか。

蓮實　はい、そうです。これは一九四三年の作品です。

【上映開始】

瀬川　これは誰？　高峰？

蓮實　高峰秀子です。

瀬川　ああ、秀子ね、はいはい。

蓮實　……原節子もきれいなんですね。

瀬川　ねえ。

♫

風は海から　吹いてくる
沖のジャンクの　帆を吹く風よ
情けあるなら　教えておくれ
わたしの姉さん　何処で待つ

蓮實　……ということでございます。物語は、総督として広東に赴任した林則徐が阿片の撲滅を目ざし、その輸出を促進しようとして清国に派遣された英国人チャールズ・エリオットと対立するという構図に収まっていますが、林を演じているのが市川猿之助、エリオットを演じているのが青山杉作です。なお、林則徐の指令によって阿片の排除に向かった清国の軍隊は、阿片窟で働く高峰秀子をも反国分子として拘束してしまいます。彼女は牛車に乗せられて処刑場へと運ばれてゆくのですが、それに気づいた原節子が群衆に囲まれて追いすがり、その手を握る。そのとき、「風は海から」の旋律がオーケストラで響いているのですが、二人は引き離されるしかありません。だが、高峰秀子は、原節子に好意を寄せる将校によって銃殺直前に救われるのです。

こうした清国にとっての反英的な阿片排除の動きは、どこかで戦時中の日本の大東亜共栄圏の思想にも通じるところがあり、『阿片戦争』は戦気高揚映画と思われがちです。ところが、二人の姉妹が社会的な混乱に翻弄されるという主題は、明らかにD・W・グリフィス監督の名作『嵐の孤児』を下敷きにしていますし、総督府での宴会で歌って踊る原節子をとりまく派手な群舞の場面などでは、ピカピカの床の上でのバスビー・バークレイ的な振付けさえおこなわれているのです。ですから、表面的には反西欧的な姿勢をとっているかに見える監督のマキノ正博は、その細部においては、ハリウッド映画にオマージュを捧げていることになります。見る人が見れば、ああ、グリフィスだ、ああバークレイ的なミュージカル・シーンだと識別できるようになっているからです。それは、戦時下でありながら、日本にもある種の文化的な高度化が達成されていたことを示すものではないでしょうか。

瀬川　そうですね。

蓮實　日本映画の歴史と世界映画の歴史がここで出会っている。グリフィスを俺は見たぞと。グリフィスの素晴らしさにオマージュを捧げると。ただし、見た目は大東亜共栄圏確立のための映画である。そういう難しいことを、ひとりの映画監督がやってしまっている。これはやはり驚くべきことだと思います。この作品もDVDがあるはずですから、ぜひそれが出てきた場合は、ご覧いただきたいと思います。

瀬川　この映画と対照的なのが、同じ戦中でも終戦直前に作られた佐々木康（ささききやすし）監督の『撃滅の歌』（一九四五）です。音楽学校を卒業した高峰三枝子がジャズを求めて上海（シャンハイ）に赴き、現実に落胆する話なんです。

『嵐の孤児』リリアン・ギッシュ、ドロシー・ギッシュ、
監督D・W・グリフィス、1921年

蓮實　ええ、でもそうした戦意高揚の旗が出てくる映画とこの『阿片戦争』は違うんです。

瀬川　その通りですね。

蓮實　じつに驚くべきことです。それはたとえば「崑崙越えて」をジャズ風にアレンジして、聴く人にはわかるということとほとんど同じような気がします。

瀬川　そうですね。「崑崙越えて」では、アレンジャーの仁木他喜雄がベニイ・グッドマンとフレッチャー・ヘンダーソンに向けてオマージュを捧げているといえます。

蓮實　ええ、元は軍歌でもアメリカ文化に対するオマージュとなっているわけです。先ほどの『私の鶯』で服部良一さんは、ロシアオペラを書かれています。そしてこの『阿片戦争』では中国風の曲を書かれていますね。

瀬川　はい、でもこの曲をよく聴くと、スローのフォービート、要するにアメリカのバラードと同じリズムですよ、四分の四拍子で。乗ってるメロディはちょっと中国風にしてますけど。

蓮實　やはり、ジャズのバラードみたいな。

瀬川　そうなんです。曲調の明るさは違いますが、僕はどこか「サマータイム」という曲に似ている気がします。服部良一のガーシュインに向けたオマージュといえると思います。

蓮實　しかし、そういうことは、わかる人にはわかるということでいいのでしょうかっていう問題がひとつあります。実際には、国に奉仕するような音楽や映画を作りながら、しかし見る人が見るとアメリカ万歳みたいな音楽や映画でもあるわけなんです。何しろベニイ・グッドマンやガーシュイン、グリフィスなのですから。この映画などを見ると、アメリカ文化をかなり深く当時の日本が理解していたことが理解しうると思う。だから、それなのにどうして戦争になってしまったのかというあたりです、わからないのは。瀬川さんはアメリカとの戦争は必至だと思ってらっしゃいましたか。

瀬川　いえいえ。真珠湾攻撃を聞いた時は、ほんとにみんなびっくりしました。

「国賊」と排外主義

瀬川　いまおっしゃった点ですが、もう戦争の少し前から、アメリカのいわゆる機械文明の素晴らしさを説明することが、国賊扱いにされましたからね。わたしなどは、そういう国賊扱いをする者に対しては、非常な忌避感を持っていたわけなんです。心ある人、たとえばジャズ・レコードの場合は、野川香文(のがわこうぶん)みたいな戦前からの優れたジャズ評論家は、ハリー・ジェームスなどの曲を例にして、これだけの高度の技術と高度の音楽性をわれわれも学ばなきゃいけない、その意味では範としろと、当時書いているんです。米英に負けないような技術的な良さを追求する意義をもって何とか検閲を免れようとしたんですが、堕落したアメリカの音楽を礼讃するのはけしからんと、国賊だと、そんな議論がずいぶん強くなってきたわけなんです。

蓮實　あの……「国賊」という言葉を使われちゃうともうおしまいですね。

瀬川　ええ、そうなんです。当時「国賊」という言葉が盛んにいわれました。ですから、たとえば、最近の安倍政権のもとで、一時、北朝鮮や韓国や中国に妥協的なことを書くと、『週刊新潮』とか『週刊文春』が「国賊」という言葉を使って批判しているのを新聞広告なんかで目にすると、要するに戦争中の再来だと非常に危惧するわけです。いまの人は簡単に「国賊」という言葉を使うでしょう。

蓮實　「国賊」という言葉だけは使ってはいけない、ということをわたくしたちはずっと学んできたのですけれども。

瀬川　そうなんです。

蓮實　なんせ、国語の教科書に墨を塗った世代でございますから。ところが、いまを見ていると、ほとんどそれと同じような形での排外主義が散見されます。そしてその排外主義はほとんど外国を知らずに、日本のみを優れた国というふうに考えている。しかしそんなことはまた戦時中と同じ間違いで、外国のことは知らなければいけない。

瀬川　その通りです。

蓮實　韓国にだって優れた映画作家はたくさんおりますし、中国にだって何人もおります。中国の映画祭にも優れたものはあるし、韓国の釜山国際映画祭など、たぶん東洋一優れたものだと思います。だけど、そういうところに行ったりすることが、ちょっと鬱陶しくなるような雰囲気が出てきてしまいました。

瀬川　そう、非常にあります。

蓮實　わたくしの著作なども、何冊か韓国に翻訳され、親しい友人はたくさんいるんです。ところが、政府が介入すると国賊になってしまいそうで困ってしまう。

瀬川　いまそういう風潮があります。

『愛染かつら』と『新しき土』

蓮實　瀬川さんは昔から、というか戦前から、アメリカ文化の優れたところは、通俗的なことさえもじつは通俗とは違う、ある優れた心の動きに転化できると考えてこられたと思うのですが、たとえば、『愛染かつら』（一九三八）も好きだとおっしゃる。たしかにあの映画も通俗的ではありますが、それを超えて人々の心を捉えるものがあると思うんです。『愛染かつら』は戦前に野村浩将（のむらひろまさ）さんという監督が総集編まで作ったすごい映画です。

瀬川　はい、前編と後編とあります。

蓮實　あの映画が、松竹の製作会社で所長の城戸四郎（きどしろう）さんが作った、戦前唯一の大当たり作品なんです。映画館のそばには人で歩けないほどたくさんのお客さんが並んだと。

瀬川　まさにそうでした。

蓮實　この映画は封切り時にご覧になりましたか。

瀬川　おそらく少し後だと思うんですが、江戸川松竹という、少し前のヒット作をよくかけていた映画館があって、そこへ見に行きました。

蓮實　あの映画では、たとえば歌が流れてその背後に京都の風景が流れる場面がありますが、ああいうことは下手な監督がやると見ていられないいんですが、結構うまくて、戦後も中村登監督が岡田茉莉子さんで再映画化していますが、この映画も、岡田さんがあの歌を歌うと、京都の風景がみごとに画面におさまっている。この場面もちょっとしたものなんです。そういう通俗的な喜びを、喜び以上の、世界に対する視点に変えなきゃいけないと思うんです。通俗的だ、排除、ということではなくて、通俗的で何が悪い、と。ただし、その通俗性には、これこれの映画的な技術の結集があるんだということをわたくしは考えたいと思っているんですが、瀬川さんが『愛染かつら』も好きだとおっしゃって、わたくしはもう大変救われまして、嬉しくて……

瀬川　看護婦の白衣を着て田中絹代が出てきて歌うと、後ろの二階客席で五十人ぐらいの元同僚の白衣の看護婦たちが泣いたりする画面になって、満席の観客が、もうみんな嬉しそうに拍手する。そういう場面がとても好きでした。

蓮實　まさにこれだという感じで。それを、なぜ、ある種の人々は通俗的だといって拒否するんでしょうか。

瀬川　まあ、当時も一方で、例の日独で作った『土』、女優の誰でしたっけ、あれは。

『愛染かつら』田中絹代、上原謙、監督野村浩将、1938年

蓮實　『新しき土』（一九三七）ですか、女優は原節子です。

瀬川　そう、原節子の『土』とか、そういう映画を礼讃しなければいけなかった。映画雑誌のなかでも、そういう論調もありました。

蓮實　でも、礼讃しなければいけなかったのは、真にそれが優れた映画であるからではなく、何かそのような風潮があったからですね。

瀬川　ええ。国策映画ということで、単なる娯楽じゃなくて、国の復興に資するテーマがなきゃいかんということで、そういう風潮も非常に強かったんです。

蓮實　でもどう見たって『土』は、日本人の監督も関わっていますからあまり悪口はいえないんですけれども、大した作品ではありません。ご覧になりましたか、『土』は。

瀬川　いや、『土』は当時見なかったです。

蓮實　ああ、正しい選択で（笑）。

瀬川　いやいや。それから当時すごいなと思ったのは、例のドイツのオリンピック映画の二部作。

蓮實　『民族の祭典（Olympia I）』（一九三八）。

瀬川　『美の祭典（Olympia II）』と両方とも見ましたけど、あれはすごいと思いました。

蓮實　あの映画は観客を乗せるんです。

瀬川　上手に、撮影の仕方がとてもうまいし。情景がたっぷりと見られることに一種の憧れを感じました。男性・女性それぞれの肉体美が素晴らしい。

蓮實　あの審美的な画面の連鎖にはヒットラーもだまされたらしいんですが、レニ・リーフェンシュタールという女流監督があそこまでやればやっぱり許さざるをえない、というほどうまいと思いました。ただし、非常に厳しい問題があり、あの映画にナチスの反ユダヤ主義も出ているなんていいますと、あそこには出ていないんですが、ですから社会と映画との関係ってほんとに難しいですね。

瀬川　そうですね。

『闘魚』に向かって

蓮實　わたくしの父も母も映画はけっして嫌いではなく、よく見ておりました。ところで、先ほどの京都学派の問題にも重なってくるのですが、「京都学派」というひとかたまりで呼ばれる以前に、京都には——この前もお話しした——中井正一(なかいまさかず)という、若い、当時は講師だった美学の学者がいます。マルクス主義的な視点があると疑われて、治安維持法に引っかかって投獄されてしまい、戦後に復活した方なんですが、この方は映画の複製技術というものが面白いと、すでに一九三〇年代からいっておられます。一九二九年に飛行船ツェッペリン号が日本に寄港した時も、ツェッペリン号が、機械だからダメというのではなく、やはり、あの美しさみたいなものがあると認める。非常に奇妙な方なんですが、父は、京大時代に彼の影響を強く受け、大学院を終えてから東京の帝室博物館に勤めておりましたが、中井正一さんの「土曜日の会」という京都における活動の、東京の責任者のような立場でした。そうしますと、わたくしのまだ若かった母のところに特高警察がまいり、ご主人はいまどこですかというようなことを訊かれ、母は非常に怯えたそうです。そんなことがありましたので、それに近いことが、現在も行われているのではないか、それからあまり遠くないところに現在の日本がいるような気がいたしまして、ですから次回は、まず、瀬川さんが召集前にご覧になったという映画、『闘魚』(一九四一)が見られることになりましたので、これをぜひ一緒にご覧いただきたいと思います。この映画はフィルムセンター(現国立映画アーカイブ)というところに訊きましたら、非常に画質の悪い十六ミリ版だけれどもあるから、一月下旬くらいにお見せすることは不可能ではないといわれましたので。

瀬川 もうぜひ。あの映画も島津監督なんですね。当時は監督が誰だとかは気がつかなかったんですが、とても印象に残っています。

蓮實 池部良(いけべりょう)が初出演した、一九四一年の作品です。

瀬川 そうです。

蓮實 では次回は、その『闘魚』からはじめまして、戦後の瀬川さんの歩みを辿らせていただきたいと思いますが、そのような形でよろしいでしょうか。

瀬川　ただ、何というか、戦後はわたしも娯楽専門になっちゃって、アメリカ映画も見ましたけど、それは最新のアメリカのヒットソングを楽しむというような気持ちでしたので、映画の文芸的な価値という側面には非常に疎(うと)いんです。音楽のほうでは、何とか日本のジャズを盛んにしたいという気持ちも持ったんですが、映画については、理論的な勉強は全然しておりませんので（笑）。

蓮實　いえいえ。先日もシネマヴェーラで行なわれたわたくしの「ハリウッド映画史講義特集」の折に上映したニコラス・レイの『夜の人々（They Live by Night）』（一九四八）をご覧になり、いい映画だっておっしゃっていただいて、ほんとに嬉しかったのです。

瀬川　あれは素晴らしかったです。しかもマッカーシズムの最中に撮られたという。当時マッカーシズムはものすごかったんでしょう。それで……あれはアメリカへ行ってすぐに見た映画で……ちょっとマッカーシズムとは違うんだけど、アメリカの歴史の上で、一九三〇年代のニューオリンズに、ものすごく専制的な、ヒットラーみたいな政治をした人が出て、すごい人気を得て大統領選にまで出るんじゃないかといわれていたのだけれど亡くなってしまう、そんな人物の伝記映画を思い出したんです。そのタイトルをいまは忘れてしまって……ぜひお見せしたいんですがね……つまり、アメリカの歴史にも、やっぱりヒットラーみたいな人物が出る可能性があったと、当時その映画を見てものすごく思ったんです。弱者を救済して金持ちから税金を取るという、州知事(ガバナー)か何かの話だったと思うんですが……

蓮實　アメリカに五三年に行かれてすぐ見られた。

瀬川　ええ、そうです。あのころ金がないからね、アメリカの再演劇場という映画館が古い映画を安く上映していたんで、そこで頻繁に映画を見た覚えがありますが、果たしてそこで見たのか……何というタイトルだったかな。

蓮實　それに似た話があります。アカデミー賞かなんかもらったのとは違いますか。

瀬川　いや、あるいはもらっているかもしれません。

蓮實　えーと、あれです、ほら。あ、『オール・ザ・キングスメン（All The King's Men）』（一九四九）っていうんじゃありませんか。

瀬川　たしかニューオリンズかルイジアナか、南部のほうの話です。

蓮實　ああ、ニューオリンズではないなあ。

瀬川　たしかね、ルイジアナの州知事だったんじゃなかったか……いまはもうはっきり覚えてない。

蓮實　『オール・ザ・キングスメン』もほとんどそういう話です。

瀬川　ちょうどいまで考えると、トランプみたいなのがアメリカでは時々出てくるんです、大衆的な人気を得て。そんな映画でした。なんていう映画だったか……。

Ⅲ章

二〇一九年四月二日

タイトル不明の映画が、ラオール・ウォルシュ監督作品『A Lion Is in The Streets』（一九五三）であると、『瀬川昌久自選著作集』収録のＮＹ滞在記より判明。両氏それぞれがアメリカ合衆国より取り寄せた同映画のＤＶＤを見て、対談第三日目を迎える。

『A Lion Is in The Streets』

瀬川　今回、六十五年ぶりに見なおしたんですが、あの映画は、英語が相当難しいです。
蓮實　南部なまりみたいなのがありますし、聞き取りにくいですね。
瀬川　今日は蓮實さんからも内容を少し詳しく伺いたいと思って。
蓮實　難しいんですよ、非常に。
瀬川　当時、ニューヨークで見た時は、アメリカにこんな人物がいたのかと、何か強烈な感じがしたんです。貧民を救済して偉くなる、ある意味で南米アルゼンチンのエビータみたいな人間が、アメリカで現れたというのは不思議でね。
蓮實　アメリカでこんなことが、という感じですか。
瀬川　ええ。しかもそれが、わりに著名なジェームズ・キャグニーの主演だったもんですから。

蓮實　あの映画は、キャグニーの弟、ウィリアム・キャグニーといいますけど、彼がプロデューサーをしていて、ぜひ作りたいということで話が進んだようです。

瀬川　なるほど、キャグニー自身のプロダクションで作りたくて、それで、ウォルシュを雇って映画会社に売り込んだのね。

蓮實　まあ、そういうことなんでしょう。その前の『白熱（White Heat）』（一九四九）という映画も、やはりキャグニーの弟がプロデュースして大当たりしました。その映画もウォルシュが監督ですから、おそらく『A Lion Is in The Streets』も同じ体制だと思います。

瀬川　ウォルシュというのは当時、相当に人気のある映画監督だったわけなんですか。

蓮實　人気があったというより、彼に頼めば絶対に当たると、プロデューサーの信頼があつかったんです。そして、特に日本で当たったんです。戦後の作品では『死の谷（Colorado Territory）』（一九四九）が大当たりしました。彼もよく日本に来て、沖縄に駐在している部隊を使って『Marines, Let's go』（一九六一）という映画を撮ったりしていますから、とても日本贔屓の人だと思います。わたくしはそのウォルシュという監督が大好きで、彼は悲劇を作るのが特にうまいんです。俺の作品が日本で評判がよいのは、日本人が悲劇を好むからだとさえいっていますが、アメリカ映画ってほとんど悲劇はありませんからね。ところが、あの『A Lion Is in The Streets』もいわば悲劇です。

瀬川　ええ、まさに悲劇です。もう見ていてがっかりしちゃうんですよ、最後に。

蓮實　やはりウォルシュの作品で『The Roaring Twenties』（一九三九）という『彼奴(きゃっ)は顔役だ！』と邦題がついた映画がありますが、その映画でもキャグニーが最後に殺されてしまう。

瀬川　ああ、最後はやはり。『The Roaring Twenties』ね、みたいな。

蓮實　これはなかなかいい映画です。ウォルシュの作品では、スターがあっけなく死んでしまうのが特徴だといえるかもしれません。たとえば、『壮烈第七騎兵隊（They Died with Their Boots On）』（一九四一）という映画では、史実だから当然かもしれませんが、カスター将軍を演じているエロール・フリンが最後に壮烈な戦死を遂げる。あるいは、三〇年代にハリウッドで流行したギャング映画を締め括る傑作といってもいい『ハイシェラ（High Sierra）』（一九四一）という映画。この作品は戦後になっても日本では公開されませんでしたが（一九八八年公開）、ハンフリー・ボガートが初めて主演して悲惨な最期を遂げており、その西部劇版のリメイクである『死の谷』でもジョエル・マクリーが最後に射殺されてしまう。それから、『大雷雨（Manpower）』（一九四一）という映画では、エドワード・G・ロビンソンとジョージ・ラフトが電気工事の職人を演じる一見したところ地味な物語が、彼らの事故死した仲間の娘役としてマレーネ・ディートリッヒが登場するといきなりお色気が匂いたち、素晴らしい作品になっていますが、やはり、最後にロビンソンは死んでしまいます。つまり、ウォルシュの作品では、死の影が漂っている瞬間が素晴らしいのです。それでいて『いちごブロンド（Strawberry Blonde）』（一九四一）という、キャグニーが生き残るコメディもあったりもしますが、ウォルシュという監督は、一年に三本か四本を平気で撮ってしまう職人気質の持ち主なんです。たぶんアメリカではジョン・フォードとは比較にならぬほどサイレント期から大活躍し、ハリウッドで一番たくさん映画を撮ったひとりで、おそらく二百本以上は撮っています。そして、わたくしが唯一ハリウッドの監督で会ったことがある人でもあります。まあ、会ったというか、パリで、声をかけただけなんですけれども。

瀬川　何年ごろ。

蓮實　これが、えーと、七二年か三年です。

瀬川　じゃあ、もう彼の晩年のころに。

蓮實　晩年になります。もう彼の遺作の『遠い喇叭（ラッパ）（A Distant Trumpet）』（一九六四）は撮ってしまって、それ以降のことなんですが、ウォルシュさん、ちょっと写真を撮らせていただいていいですかと訊いたら、どうぞといって。その時は、フランスのシネマテークという、古い映画を上映する施設に彼が来まして、わたくしは最前列で彼の言葉をひとことも聞き漏らすまいとしていたところ、ウォルシュが壇上にカウボーイハットを被って出てきた途端、会場めがけてみんなをバンバンと撃ち殺す真似をしたので、もう本当に大笑いしたんです。

ところが、わたくしは彼の映画はほとんど全部見ているはずなんですが、この『A Lion Is in The Streets』だけは見ていませんでした。これだけは見ておらず、どうして見られないのかなあと思っていたんですが、先日初めて見せていただき、ああ、これは日本には来ない作品だなあと（笑）。まず、題材が難しすぎる。そして、ある意味ではアメリカ的すぎる内容だということで、やっと納得したところです。ウォルシュはわたくしが大好きな監督でしたから、彼が死んだ時に、日本でウォルシュ追悼というテクストを書いた唯一の人間なんです。それで、今日はその追悼文を探し出してお持ちしたので、ウォルシュがいかに優れた監督であるかということをお読みください。

瀬川　素晴らしい、大発見です。

蓮實　ウォルシュ追悼を書いた唯一の日本人が、唯一見ていなかったのが、あの『A Lion Is in The Streets』であり、それを瀬川さんが見てらっしゃるということに、びっくりしまして（笑）。どうしてだろう、どうして見てらっしゃるんだろうと思って。しかもパラマウント劇場で見てらして。

瀬川　……おそらく僕がアメリカに着いた時には、とにかくパラマウントには行きたいと思っていて、二、三回は通ったと思います。きっと、その時に見たんだと思うんです。一九五三年に初めてアメリカに行った当時は、アメリカの実情を勉強するためにも必要だと思い、映画はずいぶん見ましたが、特に印象に残っているのがこの映画です。それに、あの主人公のモデルになったヒューイ・ロングという人物についてとても印象に残っているんです。

忘れじのヒューイ・ロング

蓮實　『A Lion Is in The Streets』はパラマウント劇場で封切られたわけですから、ワーナーとしては当てようとして作ったんだと思います。

瀬川　パラマウントはおそらく、大物の映画しかかからないでしょうから。

蓮實　ただし日本で封切られず、ヨーロッパでも封切られていない。ですから、ウォルシュの自伝でも、この映画についてまったく言及してないんです。

瀬川　不入りだったこともあるし、あるいは、頼まれて作ったからでしょうか。それにしても、まったく言及してない？

蓮實　はい、他のものはほとんど言及しているのに。

瀬川　それじゃあ、忘れられてしまいますね。

蓮實　ところがそれを瀬川さんは意図して見にいらしたわけじゃないですか（笑）。

瀬川　そうじゃない。

蓮實　ああ、音楽を聴きにいらしたわけですね。

瀬川　ええ、パラマウントに行きたいと……ただ、そのヒューイ・ロングという人物については、当時出版された『アスピリン・エイジ』という本で読んだ記憶があるんです。その本は親しく師事していた榛名（はるな）静男（しずお）氏という、当時の雑誌『ダンスと音楽』の編集長にすすめられたんですが、アメリカの内幕を興味深く記述している本で、それを僕は行く前に読んだのか、あるいは、行ってから読んだのか、そこにはヒューイ・ロングのことが書いてありました。ルイジアナ州で棉花栽培に従事する労働者の利益のために、資本家から重税をとって人気を博し、大統領候補に推薦されるほどの人気があったのに、結局は支持者のひとりに暗殺されてしまったという人物です。アメリカの民主政治史において、こういう独裁的な衆愚政治が現実に存在したという事実に、当時衝撃を受けました。アメリカにもこのような人物が出てくるんだと、とても興味を覚えて、ニューオリンズにヒューイ・P・ロング・ブリッジという長い橋があることも知り、日本に帰国する前にわざわざ寄ってきたんです。だからよほどその当時は強い印象があったんだと思うんです（笑）。だけど、どうしてその映画がヒューイ・ロングと結びついたのかと思いまして、やっぱり当時『ニューヨークタイムズ』なんかを見たんでしょうかねえ。

蓮實　先日お送りした一九五三年九月二十四日付の『ニューヨークタイムズ』には、『A Lion Is in The Streets』の封切りとヒューイ・ロングのことも出ておりましたから。ニューヨークにお着きになったのが……

瀬川　やはり九月半ば……

蓮實　中旬ですか。

瀬川　そうですね、九月までには着いたと思います。

蓮實　たぶん『ニューヨークタイムズ』をお読みになって、ヒューイ・ロングという名前もご覧になったのではないでしょうか。

瀬川　『ニューヨークタイムズ』に出た時はもうパラマウントで封切られたんでしょうか。

蓮實　詳細な封切り日は定かではありませんが、記事は一九五三年の九月二十四日号です。

瀬川　じゃあちょうど見た時ですね。それでヒューイ・ロングという名前だけが、頭にこびりついて（笑）。

蓮實　あの映画には、キャグニーの妹まで出ているんです。ですから、家族プロダクションのようなものじゃないかと思いますが、映画自体、面白いといえば面白いけれども、陰惨な話でしょう。

瀬川　要するに、小作人が地主に搾取されているのを救おうとして人気が上がった人物が、最後は小作人を裏切ったみたいな形なんでしょう。

蓮實　そういうことです、最後は。ほんのちょっとした裏切りによって、裏切られた男性の奥さんにより殺されてしまう。ただしヒューイ・ロングは、実在の人物ですから、実在の人物をキャグニーが演じるのは非常に珍しいことなんです。

瀬川　まあ、でも小説はあったわけですから。

蓮實　はい、小説は存在していたんですが、しかし、いちおう実在の人物です、名前は変えていますが。

瀬川　あの映画ではヒューイ・ロングという名前はまったく使ってないんですものね。
蓮實　名前は変えているけれども、誰もがヒューイ・ロングを思い出したのでしょう。
瀬川　どうも、そうだったようです。
蓮實　それで、映画冒頭、雨の中で子供を助けて学校に入っていきますが、あそこらへんは非常に面白いと思ったんです。つまり、最初に歩いてくる人物は誰なのかわからないけれど、泥濘(ぬかるみ)で子供を救い上げた人物が画面に映ると、それがキャグニーであることがわかる。その後、その子供を預かる女の先生とすぐ恋に落ちてしまう展開となります。ただし、やはり一方に自伝的な要素がありますから、あまり自由にはできなかったと思うんです。それで、ウォルシュ自身としても失敗作、それから興行的な価値では日本でも上映されずフランスでも公開されておりません。フランスもウォルシュの映画はほぼ全部公開されていますが、これだけはやってない。ですから、おそらくこれをご覧になったのは、フランス人も含め、外国人では瀬川さんおひとりなんですよ（笑）。
瀬川　そうなんですかね（笑）。
蓮實　もう、ほとんどそうと断言できます。
瀬川　それにしても、ニューオリンズに橋まで見に行ったほど僕の印象に残るヒューイ・ロングについて描かれた映画が、蓮實さんが大変にお詳しいラオール・ウォルシュ監督の作品だったことは驚きです。これはぜひどこかで、日本語字幕入りで上映してもらいたいものですね。

『A Lion Is in The Streets』ジェームズ・キャグニー、監督
ラオール・ウォルシュ、1953年

受けるんじゃないですか、日本初、ね。

『オール・ザ・キングスメン』

蓮實　ところがもうひとつ問題がありまして、彼と同じような人物を扱った映画が四九年にできていたんです、アメリカで。これはロバート・ロッセンという監督の映画です。

瀬川　原作は同じでしょうか。

蓮實　いや、違うんです。原作小説も違っており、こちらの映画では農民たちからの支持を得て、いわばポピュリズム的な人気者として本当に知事になってしまいます。知事になっていろいろ悪事も働いているうちに、結局こちらの映画も、知事から裏切られたと思った男に殺されてしまうんですが、途中、人気を得ていく段階で、みんなが彼を支持しようといっている群衆の歓呼がすごい。それで、こちらの映画はアカデミー賞をもらっちゃったんです。『オール・ザ・キングスメン』というタイトルです。

瀬川　日本では封切られたんですか。

蓮實　封切られました。アメリカ公開直後ではなく、かなり時間が経ってから〔一九七六年〕封切られたはずです。それで『A Lion Is in The Streets』はそれとの比較で損をしたと思います。

瀬川　ああ、そうでしょうね。

蓮實　『オール・ザ・キングスメン』ではブロデリック・クロフォードが主演男優賞をもらっているので、たぶんキャグニーも男優賞をもらうくらいの決意だったと思いますが、結果としてちょっと違ったということでしょう。『オール・ザ・キングスメン』は、いちおうDVDをお持ちしました。主人公は大統領になる野心を持って知事になり、彼自身が悪いことをしたあげくに、最後に……

瀬川　なるほど、で殺されちゃう。

蓮實　はい、殺されちゃうんです。

瀬川　何かね、そのほうが当時の僕の記憶に近いなあ。主人公が大統領になる野心も持っていた印象が強かったんですが、今回、『A Lion Is in The Streets』を見ると、印象が少し違う。当時はわたしもまだ、耳が良かったのか、映画の筋が非常に面白くわかったんですが……

蓮實　殺人の場面などはやはり、こちらの『オール・ザ・キングスメン』のほうが良くできている。

瀬川　やっぱり女性に殺されるんですか。

蓮實　いや、こちらは男性なんです。ブロデリック・クロフォードが殺されるのですが、今からお見せするのは彼が外で民衆に囲まれて弾劾(だんがい)裁判に掛けられる場面なんです。

【映像開始】

蓮實　彼が窓辺に出ただけで群衆の歓呼がすごい。群衆の心を完全に摑んでいるわけです。

『オール・ザ・キングスメン』ブロデリック・クロフォード、マーセデス・マッケンブリッジほか、監督ロバート・ロッセン、1946年

……それで、弾劾裁判の結果がこれから述べられますが、もう買収しちゃっているので、結局、弾劾はされなかった……群衆の感じがすごいでしょう……はい、これから群衆の前に知事が出てまいります。

瀬川 場所はやっぱりニューオリンズですか。

蓮實 カノマという架空の郡首都の設定なんです。冒頭に新聞社のオフィスの窓から棕櫚（しゅろ）の木が映っており、カノマという町は暑くて埃っぽいという台詞もあるので、おそらく南部を想定しているのかもしれません。

瀬川 じゃあ、それはもうね……

蓮實 群衆の規模の描き方もあって、こちらの映画の殺人のほうがよっぽどスペクタキュラーなんです。大勢の見る前で。

瀬川 原作はヒューイ・ロングを元にして書いたんですか。

蓮實 だいぶん脚色されていますが、彼をモデルに書いたものです。ある元新聞記者の視点から描かれていて、その元新聞記者は、いまは知事の右腕になっている男なんです。しかし、疑問を感じ始めているところで、知事を殺すのは、元新聞記者が想いを寄せる故郷の女性の兄で、医者なんですね……はい、知事が息絶えて、これで終わってしまう。

これがあったので『A Lion Is in The Streets』は損をしてしまったのです。例の『ニューヨークタイムズ』の記事にもこの作品との比較が出ておりました。

瀬川　大ヒット作品ですね。

蓮實　大ヒットです。アカデミー賞作品賞、主演男優賞、助演女優賞も貰っています。この助演の女優がマーセデス・マッケンブリッジという、見かけはいやーな女優ですが、じつにうまくて。

瀬川　『ライオン』のほうは、女優もあんまり魅力がないんですよ、全然。奥さんもそれから若い女性も。

蓮實　もしよろしければＤＶＤをお持ちになって、全部ご覧ください。この映画の監督は本格的な赤狩りにかかってしまったんですが、半ば妥協して、その後も映画を撮り続けていた人です。わたくしはこの人も大好きな監督ですが、ただしこの作品は一番好きとはいえない映画なんです。いかにもアカデミー賞狙いなので。ですから、これがなければ『A Lion Is in The Streets』も、もう少し評価されたんじゃないかと思いますが、あまりに似すぎているということです。しかも、ウォルシュは雇われ監督ですから、はいはい、って撮っちゃったわけでしょう。

瀬川　そうでしょうね、この時は。

蓮實　おそらく、ウォルシュにしてみれば、いままでキャグニーを使って自分も成功しているのでいいだろうと勢いに任せて、カラーで撮ってしまったんだと思いますが、しかし、それを瀬川さんが見てらっしゃるのは本当に驚きました（笑）。

瀬川　でも、当時見た映画の印象は『オール・ザ・キングスメン』に似ています。将来大統領への野望も持っていた男で、アメリカにはすごい人物が出るもんだなと衝撃を受けたんです。

蓮實　はい。ですから現在の状況ともまったく無縁とはいえないわけです。

瀬川　そうですね、ほんとに。

蓮實　民衆が圧倒的に支持をしてしまう。ですから、ヒューイ・ロングという名前は、たぶんこのころからみんなのなかにあったので、『A Lion Is in The Streets』も撮ることができたと思うんです。ヒューイ・ロングその人は知事になったんでしょう。

瀬川　ええ、知事になって、大統領まで目指すといい出したんで殺されてしまう。しかし『A Lion Is in The Streets』のほうはその前にもう挫折しちゃうんで、やっぱりあれかな、一九五三年の作品だから、戦後のアメリカでも少し情勢が変わってきた時代で、軟化したのかしらね。

蓮實　『A Lion Is in The Streets』のほうが若干弱いというわけではないんですけれども……

瀬川　そう、印象が弱い。

蓮實　決定的ではないんです。

瀬川　そうですね。州知事にでもなっていれば、もっと強烈な感じがするんだけど。

蓮實　ただし、やはりヒューイ・ロングという名前がこのふたつの映画によって、当時のアメリカ人のなかには完全に残ったんです。そのヒューイ・ロングの橋を、瀬川さんがニューオリンズまで見に行かれたなんて聞きますと……（笑）。

瀬川　だからヒューイ・P・ロング・ブリッジという橋があることも、なんで知ったんだろうかと（笑）。これはぜひ行きたいという気持ちだったのはたしかに覚えていますが、いま思えば不思議です。

蓮實　知事になっていますから、当然名前が残るわけです。しかし『オール・ザ・キングスメン』は、非常に政治的な映画なんです。ところが、『A Lion Is in The Streets』のほうはむしろ風俗的です。その違いがあって、『オール・ザ・キングスメン』のほうが本格的、一方、『A Lion Is in The Streets』は、つまり南部の風俗的な映画として捉えられたので、日本にも来なかったし、ヨーロッパにも行かなかったんでしょう。ところがそれを瀬川さんが見てらっしゃるということに、ほんとに驚きました……。

ここに本を一冊お持ちしたんです。大した意味のあることではないんですが、監督別にシリーズ化されているフランスの叢書で、そのウォルシュの巻なんです。そして、この本にはウォルシュの全作品のリストが載っていて、わたくしが見た作品はタイトルの横に全部カギ印が付いています。ところが次のページ見ていただくと、『A Lion Is in The Streets』だけはまだ見ていないのでカギ印が付いてない（笑）。

瀬川　ああ、これね。

蓮實　そう、付いてないんですよ。

瀬川　あとは全部付いています。

蓮實　見たものはいちおう付けてあります。
瀬川　こういう本が出ているんですか。なるほど、百本以上。
蓮實　だから、重要な作家であることは間違いないんです。
瀬川　でも僕は、やはりヒューイ・ロングのことと、『A Lion Is in The Streets』をどうして結び付けて覚えていたのか不思議です。題名をすっかり忘れているのに（笑）。
蓮實　瀬川さんの著作集にも当時の記録としてちゃんと書いてあります、ヒューイ・ロングのことも。ですから、いちおう、題名は忘れても、記録はしておられたんですよ。
瀬川　それと、『アスピリン・エイジ』という本でヒューイ・ロングのことも読んだんでしょう。でも、この映画を見に行こうと思った記憶だけがないんです。
蓮實　『アスピリン・エイジ』という本は当時大評判でしたね。
瀬川　ええそう。アメリカのことが相当いろいろ書いてあったと思います。それはしかし、出版されたのが五三年より前だったか……
蓮實　前でしょう、五〇年前後だと思います。
瀬川　じゃあちょうどアメリカを勉強していた時に出版されて……。
蓮實　ええ、アメリカにいらっしゃる前に、銀行業務のことは当然なさっていたにしても、それ以外に、アメリカというものを捉えてやろうというお気持ちがあったんだと思います。
瀬川　そうだったんですかね。

蓮實　当時の大統領は、どなたでしたか。

瀬川　アイゼンハワー、でしたか。

蓮實　アイゼンハワーって将軍ですね。

瀬川　ええ。だから当時はまだ、日本はアメリカの占領国でした。アメリカと平和条約が結ばれたのが五四年ですから、僕が初めて渡米した時にはカナダを経由するのが非常に難しかったんです。パスポートもまだ占領国の扱いだったと思います。一ドルが三百六十円で、闇で五百円くらいだったんですが、その時は銀行から十万円を支度金として貰い、とにかく少しでも多く向こうで使おうと思いまして、全部闇でドルにして持って行って……

蓮實　その闇のドルで、パラマウント劇場にいらした……。

瀬川　そう、そういうことですね（笑）。

瀬川氏のＮＹ生活始まる

蓮實　富士銀行からアメリカへいらした時は、最初は西海岸に着かれて、それからニューヨークへいらしたんですか。

瀬川　西を通って行ったというだけで、まっすぐもうニューヨークへ。ヴァンクーヴァーで飛行機を乗り換えた時に、外務省に勤務していた知人の角谷氏が迎えに来てくれて、ホテルで休ませてもらったと思います。ホテルに向かう自動車のなかで初めて現地のラジオ放送を聴きました。ジャズがジャンジャン流れているので、もう、胸がときめいた覚えがあるんです。

蓮實　富士銀行でアメリカに社員を派遣する第一号でいらしたんですか。

瀬川　わたしは第二号でした。その前の人が六か月くらい現地におりましたけど、わたしの場合ちょっと延ばしてもらって、十か月くらい、翌年五四年の四月ごろまでいたと記憶しております。

蓮實　それはどういう方が派遣されるわけですか、やはり英語がお上手な方ですか。

瀬川　そうですね、海外へ行きたいというようなことを書いて、志願しました。それで、当時、日米会話学院という……

蓮實　はい、平川唯一（ひらかわただいち）さんという方が学院長さんでした。

瀬川　はい。僕のころは学院長が板橋並治（いたばしなみじ）さんといって、戦前からの日米学生交流会議の実行委員みたいなことをした人でした。戦後、各官庁とか会社から選ばれた者が数人ずつそこへ派遣されて、六か月ばかり日米会話学院に行ってこいということで、会話や何かをずいぶん勉強したんです。

蓮實　それは日中のお仕事の後、夜に通われたわけですか。

瀬川　いえいえ、その六か月間は会社を休んで行ってよろしいということで。

蓮實　それはもう、渡米なさることが決まってからですか。

瀬川　いえ、決まる前ですね。でも、入学には特に試験みたいなものはなかったと思うんです。当時、わたしは馬喰町支店に配属されて、あの界隈は小売店がすごく多いのでずいぶん夜中まで仕事をしていました。そうした折りに将来は海外に行きたいというようなことを支店長にしゃべっていたんで、きっと推薦してくれたんだと思います。

蓮實　それで、社員としては二号でいらした。

瀬川　そうなんです。富士銀行はファースト・ナショナル・シティバンクという、アメリカの銀行と提携をしていましたので、そこのトレーニング・スクールにまず入って、ハーバードだとかイエールを出たアメリカの新入社員と一緒に三か月くらいのトレーニングを受けました。

蓮實　そのトレーニングというのは、もう英語のトレーニングなどではなく、職業的なトレーニングをなさったということですか。

瀬川　ええ、そうです。つまり、銀行主催の、アメリカの銀行業務についてのトレーニングを受けました。その後、支店業務を窓口で一緒に勉強してくるようにと、支店配属になるんです。

蓮實　実務的ですね、じつに。

瀬川　特に支店業務は、行員さんと毎日机を並べて親しくなり、預金の出し入れとかまで勉強したので非常に楽しかったです。

蓮實　窓口にも座っていらしたわけですか。

瀬川　そうなんです。その時に親しくなった行員がのちに家族を連れて日本に遊びに来てくれました。とにかく銀行の支店には大学出の行員などいないんです。どんどん希望者を採用して、毎日のように人が入れ替わったりして。たしか、黒人の行員もひとりかふたりはおりました。トレーニング・スクールで一緒だった、ハーバードやイエールとかを出た新入社員は、初めから幹部職員になるので、支店には配属されないんです。

蓮實 なるほど、窓口には行かないわけですね。

瀬川 そうなんです。非常に勉強になりましたし、面白かった。クリスマス・パーティなんかも、一緒にダンスしたりなんかして、楽しかったですね。

蓮實 女性社員はどのくらいおりましたか。

瀬川 女性社員は、半分くらいはいました。

蓮實 それは窓口業務ではなくて、中核的な業務のなかにも。

瀬川 やはりそれは少なかったと思います。窓口のほうはもう、女性が非常に多かったけれども。

蓮實 昼間はそこで業務をなさりながら、それで夜はもう、歓楽街へお出でかけになるというわけですね（笑）。

瀬川 そうなんです。

蓮實 パラマウント・シアターにもお出でになって。しかも渡米直後に最初にいらしたわけですか、パラマウントは。

瀬川　ええ、何がかかっているんだろうと、もう真っ先に行きました。とにかく、ベニイ・グッドマンが一九三七年三月にパラマウント劇場に出て非常に人気となり、それがきっかけで、翌年の三八年一月にはカーネギー・ホールで初のスウィング・コンサートを催すことになった、伝説の場所なんです。

蓮實　調べてみると、三千六百人も入るんですね。

瀬川　ええ、ものすごく入るの。ですから日本の日劇みたいなものです。おそらく日劇はパラマウント劇場を真似して作ったんじゃないですか。映画と実演奏との二本立てという形式の元祖みたいな劇場です。パラマウントに出てベニイ・グッドマンも人気が出たし、フランク・シナトラは、トミー・ドーシー楽団の専属歌手としてパラマウントに出たことで人気となり、そのうちにトミー・ドーシーを凌ぐような人気者になっていくわけです。

蓮實　それでハリウッドに行っちゃったわけですものね。当時のパラマウント劇場の入場料は、お高かったんですか。

瀬川　いいえ、そんなに高くもないんです。せいぜい当時で二ドル五十セントくらいじゃないですか、わたしが買えたくらいですから。デューク・エリントンが出た時は、なかを駆け巡って写真を撮りました。よくあんな写真を撮ったと思うんですが、今でもたくさん残っています、全部取ってある。

蓮實　そういうことをして良かったわけですか、写真を撮るなんて（笑）。

パラマウント劇場のデューク・エリントン楽団、1953年、
瀬川昌久撮影

瀬川　まあね、隠れてやったんだと思うんですけどね（笑）。楽団の演奏だけじゃなくて、いろいろなアクト、要するにタップ・ダンサーだとかちょっとしたコメディアンだとか、いろいろなアトラクションが間をつないでいくので、劇場内は大抵賑やかでした。

蓮實　そうすると映画が一時間半から二時間、それからそういうアクトみたいなものがやっぱり一時間から一時間半。

瀬川　一時間弱くらいですね。その後に、舞台正面に置いてある大きなオルガンから、古い一九一〇年代、二〇年代の曲が聞こえてきて、お客さんがそれに合わせて五、六曲合唱する。映画はその後に上映されるんですが、そのオルガン演奏がまた評判だったらしいんです。

蓮實　日劇にはオルガンはなかったはずです。

瀬川　日劇にはありませんでしたね。

蓮實　やはり本格的ですねえ。パラマウント劇場は六〇年代になくなってしまったようですが、パラマウントの本社も、劇場の入っているビルにずっとあったようです。しかもニューヨークのどまん真ん中でしょう。

瀬川　ええ、五十丁目あたりでした。

蓮實　そこで最初にご覧になった映画が、内容的には不思議なものだった……（笑）。

瀬川　そうですね。

二度目のNY生活

蓮實　パラマウント劇場にはほとんど毎週通われたんですか。

瀬川　いや、毎週ではなかったですね。要するにバンドが二週間ぐらいで変わるんです。ヒットした時は一か月ぐらい同じバンドが出演して、かかる映画が変わってもバンドは続演していたこともありました。それで、結局、実演にお客が入らなくなり、パラマウント劇場も五三年の暮れごろにはバンドの演奏は止めてしまったんです。三〇年代、四〇年代、全米のほとんどの映画館がバンドの演奏を催していたようですが、段々寂れて少なくなり、実演をやる映画館としてほとんど唯一ニューヨークに残っていたパラマウントも、とうとう終わってしまった。

蓮實　そのころはまだ、クラブのジャズ・シーンというのはなかったんですか。

瀬川　ええ、バードランドはありました。五つか六つくらい主要なジャズ・クラブはあって、それはいまとあまり変わってないんでしょうね。当時シティバンクのトレーニングで知り合ったジャズの好きなアメリカ人がひとりいたので、一緒によく行った覚えがあります。

蓮實　それはクラブのほうですか。

瀬川　ええ、クラブのほうへね。

蓮實　三島〔由紀夫〕さんが来られたのは何年なんですか。

瀬川　彼の『旅の絵本』という本にその当時のことが出ていますが、五六年だと思う。ですからわたしが二回目に、ニューヨーク支店の開設で駐在した時です。

蓮實　ああ、二度いらしたわけですか。

瀬川　ええ、とにかく富士銀行のニューヨーク支店を作るというのが目的だったんです。それがやっと一九五六年に、アメリカの許可も日本の大蔵省の許可も出て、開設の準備委員として派遣されました。その後、三年間ニューヨーク支店に勤め、その間、三島は五六年に来たと記憶しています。こないだ亡くなったドナルド・キーンの紹介で、ブロードウェイで作品を上演しようということになり、その準備でニューヨークに来たんです。ところが、なかなかブロードウェイの上演が決まらず、彼はだいぶんイライラして滞在を伸ばし、一年近くニューヨークにいたんですが、結局、上演できなかったので、日本に帰ったわけです。

蓮實　二度目は三年いらしたわけですか。

瀬川　そうなんです。その時は、五八年に例のニューポート・ジャズ・フェスティバルというのがありまして、商社なんかのジャズを好きな五、六人とみんなで行ったり……。

蓮實　それは日本人の方々ですか。

瀬川　ええ、そうです。

蓮實　そうすると二度目の時は、闇のドルではないから、もう少し生活はゆったりしてらした。

瀬川　まあ、そうでしたね。ニューヨーク支店ということで、支店長以下、日本人が十人くらいいて、あとは現地の人をやはり十人くらい雇って。

蓮實　そのころは、ジャズがそろそろ変質しはじめますね、ビッグ・バンドから、五、六人のコンボ編成に。

瀬川　はい、ちょうどモダン・ジャズに移る時です。最初のニューヨーク滞在の五三年の暮れに、カーネギー・ホールでチャーリー・パーカーとディジー・ガレスピーがスタン・ケントン・バンドと一緒に出るという報をラジオで聞いて、これは一大事だと思って、翌日にカーネギー・ホールへ飛んで行ったんです。アメリカのショウは、夜の八時ごろと十一時ごろからの二本立てなんですが、その時は真夜中の十一時の部しかチケットがなくて、その深夜の部に行きました。それが要するに、ディジー・ガレスピーとかチャーリー・パーカーといった、新しいモダン・ジャズの人たちが勃興してきた時だったんです。

蓮實　それはどんなお気持ちでお聴きになったんですか。やはり新しいと。

瀬川　ええ。でも、もう戦前からすでに、野川香文さんや野口久光さんが中心となっていたジャズを勉強する会では、ビバップというものが流行(はや)りはじめているという話は出ていました。わたしもまだ学生でしたが、毎回野川先生の講釈を聞きに通ったりして、その時にもうアメリカでは新しい傾向のジャズが出ていることは耳にしていたので、アメリカへ行ったら聴きたいと思っておりました。それがカーネギー・ホールであるっていうんで、もう、小躍りして行きましたね。

蓮實　カーネギー・ホールのほうが、パラマウントと比べるとホールとしては小さいわけですか、三千六百人なんて入らないわけでしょ。

瀬川　さすがにそれはね。でも、二千八百人ぐらいは入ったと思います。わたしも高い席は買えないから、やっぱり二ドル五十セントぐらいで買えるずっと後ろのほう、三階か四階くらいの席でした。

蓮實　そこでもお写真をお撮りになったんですか。

瀬川　いや、その時はさすがに。しかし、撮っておけばよかったですね（笑）。パーカーやガレスピーが出るので、客席は黒人が非常に多かったと思います。ですから、ちょうどわたしが行った時が、スウィングからモダン・ジャズへの移行期みたいな時なんです。

一方で、当時のブロードウェイで大変ヒットしていたミュージカルの『サウス・パシフィック』を観て、その華麗な舞台に感動してミュージカルも勉強するようになりました。そのころ、映画俳優がブロードウェイで出演することがよくあって、これはぜひ観たいと思ったのは、フランチョット・トーンね。

蓮實　ああ、フランチョット・トーンがブロードウェイへ出たんですか。たぶん、五〇年代中盤は映画産業も若干落ち始めていますから、俳優たちはいろんなところで稼がなきゃいけなかったんでしょう。しかしフランチョット・トーンを生でご覧になったわけですか。

瀬川　ええ。日本で名前をよく覚えていたものですから。それからロザリンド・ラッセルが主演したミュージカル『ワンダフル・タウン』も観ました。音楽がレナード・バーンスタイン作曲で、ラッセルが歌う「オハイオ」という歌曲がヒットしていました。

NYをあとにして〜復員船上の音楽会

蓮實　日本にお帰りになる時は、もうこんなにニューヨークで生活することはないんじゃないかというふうに思われましたか。

瀬川　そのころは、とにかくまだこれから海外に支店をどんどん作ろうという、非常に意気盛んな時でしたから、引き続きぜひそちのほうへ行きたいと思っていました。ニューヨーク支店には五六年から五八年まで勤め、結局、帰ってきてからは、いわゆる日本の戦後復興に際して、アジア各国への賠償問題の業務に携わったんです。フィリピンとビルマ、それからインドネシアへの賠償について、その賠償団と交渉するという業務です。まず、各国の賠償団長が日本に来て、交渉のために日本に事務所を置くわけですが、日本政府が各国に何億ドルかの賠償をするときの賠償業務の取り扱いをするのが銀行でして、その取り扱い額をたくさん取ろうというので、賠償団とずいぶん交渉しました。渉外課という課に配属され、当時、富士銀行頭取だった岩佐（凱実）さんが非常に海外にも積極的で、とにかく、海外専門の東京銀行を抜けというわけです。それで面白かったのは、ビルマの賠償団が来た時に、羽田の飛行場まで車で行って、賠償団長がくると車に乗せちゃってホテルまで送り、そこでもう盛んに、うちの銀行に賠償団の仕事は全部やらせてくれとか、そんな交渉をしました。外語〔東京外国語大学〕を出た英語がものすごくできる若手をどんどん採って、そんな連中を従えて交渉したものです。

蓮實　アジア各国への賠償団ですか。でも韓国、朝鮮の場合は最終的には、賠償はなかったわけですよね。

瀬川　ええ、そうなんです。……あの、韓国で思い出すのは、先日もお話ししましたが、ちょうど学習院に中等科から入って来た李開世と李承鐘というふたりのことで、名前がいつも思い浮かぶんです。

彼らはいわゆる朝鮮貴族の息子で、両殿下なんかもそうした朝鮮貴族と一緒に高等科で勉強したんですが、李承鐘は学徒出陣で第一期生として昭和十八年の、あの雨の皇軍で召集されちゃって、満州のほうに行ったらしいんですが、結局ふたりとも、終戦後はまったく音信不通です。わたしは戦後、昭和二十年（一九四五年）八月に戦争が終わって復員した時に、海軍の復員省に入って氷川丸で復員の仕事をしたんです。翌年の四月まで、大学に戻るまでに五回くらい、南方へ行って引き揚げ兵を連れて帰るのが任務でした。それで、これは、ここで話すのはどうかとは思いますが、ラバウルに行った時に、三十人くらいの女性が乗ってきたんです。もうびっくりしちゃってね。おそらくいまから考えると、あの女性たちは朝鮮の慰安婦だったと思います。マッカーサー司令部の命令で行きますから、帰りに基隆（キールン）と釜山（プサン）にまず寄って、朝鮮の人は釜山、それから台湾の人は基隆で下ろして日本に帰ってくるわけです。その時はわたしがまだ、二十一歳くらいの士官で、部下に十五、六歳の屈強な少年兵を二十人ぐらい使っていたんですが、そういう連中がもしこの女性たちと問題でも起こしたら大変だと思い、とにかく厳重に、女性には近寄っちゃいかんといった覚えがあります。女性は非常におとなしかったけど、男性は、特に韓国の軍属が、もっとうまい飯を寄こせとか、船の中で散々居丈高になっていました。

蓮實　それは向こうから帰ってくる人ですか。

瀬川　はい。つまり、ニューギニアとラバウルで乗せたんです。朝鮮の慰安婦のことで加東大介が書いていますが……

蓮實　はい、『南の島に雪が降る』。

瀬川　そう、『南の島』です。彼がニューギニアに派兵されていた時のことを綴っていて、日本から時々船が来て兵隊が送り込まれてくるなかで、昭和十八年の暮れごろに「ピーセン」がくるというんでみんな小躍りして待っていると、敵陣に沖合で沈められてしまって、がっかりした。ピーセンの人たちのために、兵隊さんが一生懸命、立派な住居を作ったけど、それが結局無駄になってしまったというそんなエピソードが載っています。とにかく南方までそういう女性を連れてったということは、事実としてすごいことだと思う。

蓮實　一航路は何日くらいかかったんですか。

瀬川　やはり十日くらいはかかりました。

蓮實　それで基隆に寄ったり……

瀬川　ええ、釜山にも。その後、横浜へ帰ってきたんだと記憶しています。

蓮實　日本で帰る港はもう横浜と決まっていたわけですか。

瀬川　ええ、横浜です。当時のいわゆる海軍が引き受けた復員省というところで、復員船が一年間くらい、将兵の帰還にあたって、その後は海軍から民間の日本郵船などにその任務を移していたようですが、大部分は海軍でやりました。まあ、わたしは氷川丸で、一番でっかい豪華な船だったんでよかったんですが、駆逐艦などで復員作業に従事した連中はなかなかキツかったらしいです。

蓮實　まあ、氷川丸は昔から客船ですから。

瀬川　ええ、戦中は海軍の病院船でした。赤十字の印があるから国際法上、戦争中も撃たれないということで幸い生き延びたんです。

蓮實　しかし、復員作業も駆逐艦で行ったんですか。その場合は、連れてくる人の数が限られるわけでしょう。

瀬川　ええ、それはつまり、残っていた船で少しでも、百人でも二百人でも帰還させようというわけです。巡洋艦も復員作業にあたっていました。そうすると船倉に、つまり船の底に、みんなでゴロ寝するしかないので大変なわけです。

蓮實　ああ、駆逐艦も巡洋艦もそういうことをしたわけですか。

瀬川　ええ、残っていた船は全部動員されたんです。要するにマッカーサー命令で復員作業をやりますので、氷川丸には五、六人のＭＰ（軍警察）が乗ってくるんですが、日本にはまだなかった携帯ラジオを彼らが毎日両手にぶら下げて、点けっぱなしにして船のなかを監督して回る。そうすると、そこからドリス・デイの「センチメンタル・ジャーニー」やビング・クロスビーの「ホワイト・クリスマス」なんかが流れてくる。ちょうど一九四五年から四六年の最大ヒット曲で、朝から晩まで流れていました。

蓮實　そのＭＰの連中とはお話しなさったんですか。

瀬川　ええ大した話はしなかったけど。とにかく朝から晩まで繰り返し聴いているもんですから「センチメンタル・ジャーニー」を覚えちゃってね。乗組員は海軍の将兵と、病院船ですから看護婦もいて、艦長は医務科の海軍大佐でした。九月から復員作業を始めて十二月ころになると、何回も往復をしているなかで、みんな疲弊してきてしまって、それを見て、わたしは乗組員のために慰安コンサートができないものかと思ったんです。そこで、横浜に寄港した休暇の折りに日劇へ行って、ちょうど楽団南十字星という楽団が出ていたので、マネージャーに、これこれこういう理由で横浜にいるから慰問演奏に来てくれないかと頼んだのね。ギャラは出せないけど、食料はいくらでもあるからって（笑）。すると、当時のことだからお米や缶詰をもらえばいいっていうわけで、その時わたしはトラックも管理していたので、日劇から楽団員をトラックに乗せて引っぱってきて、横浜港の船の上で慰安の音楽会を開催したんです。その楽団南十字星はもともとはタンゴのバンドで、永岡志津子（ながおかしづこ）という、ポリドールから童謡をずいぶん出していた童謡歌手が二十歳くらいで流行歌手に転じて楽団の専属歌手でした。当時彼らは進駐軍のほうにも毎晩演奏に行っているらしく、アメリカのジャズや流行歌も覚えていて、「センチメンタル・ジャーニー」は歌えるかって訊いたら、歌えるっていうんで歌ってもらいました。ですから、それがまあ、わたしのいわゆるコンサート・プロデュースの第一弾です。

蓮實　それはじゃあ、船の上でなさったわけですか。

瀬川　そうなんです、甲板で。永岡志津子の名前だけは覚えていますね。

蓮實　ああ、「ナガオカシズコ」って知らないなあ（笑）。

瀬川　のちに流行歌手になったんです。その時はトミー・ドーシーの曲も歌ってもらった。

蓮實　そのころ、瀬川さんはアーニー・パイルにはいらしたんですか。

瀬川　いえ、名前は聞いていましたが進駐軍専門なんで、わたしは行けなかった。紙恭輔さんがバンド・リーダーになって、それで伊藤道郎（いとうみちお）さんが振付師です。

蓮實　ああ、はい。あのダンスの人ですか。

瀬川　ええ、そうです。新劇のあの三兄弟、伊藤兄弟です。伊藤道郎さんはずっとアメリカで活躍していて、戦後日本に来て、アーニー・パイルの演出監督をしたんです。ですからずいぶん、新しいアメリカの芝居やミュージカルをアーニー・パイルで上演していたようです。いま活躍している金光郁子（かねみついくこ）さんという舞踊学園の先生がいますが、そういう人はアーニー・パイル

のダンサーとして育ったんです。あそこから独立した人はいっぱいいます。ですから、日本で

舞踊とかミュージカルの種を作ったのは、間違いなくアーニー・パイル。

蓮實氏フランス滞在中の音楽生活

瀬川 蓮實さんは、例のヌーヴェル・ヴァーグが出てきた時代、あの『死刑台のエレベーター(Ascenseur pour L'Échafaud)』(一九五六)のころはフランスにいらしたんでしょうか。

蓮實 いやいや『死刑台のエレベーター』のころはまだ日本でした。あれは五八年です。わたくしは六二年に行きましたので。

瀬川 なるほど。じゃ『大運河(Sait-on Jamais)』(一九五六)のころも。

蓮實 『大運河』も日本で見て、ああ、フランスはすごいことになっているなあと思いました。そして、フランスに行って、チェット・ベイカーが出ていたりしたので聴きに行きましたが、ほんとに安いクラブで、こんな安く聴いていいのかと思うくらいで。当時はもうチェット・ベイカー、あれ、ヤクでやられたんですか、歯が欠けているんです(笑)。

瀬川 そうでしたか。

蓮實 いつもフリューゲルホーンを吹いていました。

瀬川 ああ、なるほど。フリューゲルホーンはトランペットより、もっともっと柔らかい音色

ですね。あと、ブルーノートは行きましたか。

蓮實　行きました。でもブルーノートはセーヌ川の右岸にありまして、シャンゼリゼを越えて行かないといけないんです。わたくしども学生は左岸ですから、ブルーノートへ行くのは厄介なんです。厄介といっても地下鉄で行けばいいんですが、何か華やかすぎちゃいまして。で、「ル・シャ・キ・ペッシュ」という、学生街にあった穴蔵に、チェット・ベイカーとかソニー・ロリンズなんかが来たりしていたので、わたくしはもともと音楽的な素養はあまりないのですが、まあ聴いてみようと思い、いまでも親しく付き合っている日本女性と連れだって。チェット・ベイカーは、二、三度は聴きましたけど、やはり、非常に心を打たれるものがありました。

瀬川　その後のフランス映画も、そういうアメリカ人のジャズを採り入れた音楽は使っていましたか。

蓮實　六〇年代はずっとそうでしたね。

瀬川　そういう監督が多かった。

蓮實　はい。大編成のオーケストラがもうほとんどお金がかかるようになって、そうすると、極端な話、ジャズはひとりで吹けばいいわけですから。

瀬川　だけどその後、フランスはいわゆるムード・オーケストラみたいなのが……

蓮實　はい、♫ダバダバダ、みたいな（笑）。

瀬川　ええ、ありましたけど、ああいう音楽は、フランスでも流行っていたんですか。

蓮實　流行りました。フランシス・レイとかですね。

瀬川　そう、フランシス・レイは映画の主題歌もずいぶん作っていますが、いわゆるシャンソンの源流と、ちょっと変わってきたわけなんでしょ。

蓮實　はい、そうなんですね。

瀬川　じゃあシャンソンのレヴューは、まだございましたか。

蓮實　シャンソン歌手で一番そのころ受けていたのが、バルバラという人なんです。バルバラってつい最近映画にもなったりしましたけれども。

瀬川　ムーラン・ルージュはずっと、現在でもあるわけでしょ。

蓮實　ムーラン・ルージュには日本から来られた観光客を連れて行きました、アルバイトで。

瀬川　日本からパリに遊びに行くと、まず行くのはムーラン・ルージュというのは決まっているようですね。まあ、あの店もいいですよね、食事をして、ショウを見る。例のアメリカから渡った、黒人女性の……

蓮實　ああ、はい、ジョセフィン・ベイカーですか。

瀬川　ジョセフィン・ベイカーは、まだ出ていましたか。

蓮實　いや、わたくしが行った時はもう出ていなかったです。

瀬川　パリはあまり行けなかったんですが、やっぱり行くとムーラン・ルージュ。それから、後にできた何ていったっけな……

蓮實　リド？

瀬川　ええ、ふたつかみっつ、ございました。ダンスもちょっとモダンな感じで、ショウダンスを見せるところ。

蓮實　クレイジー・ホースですか。それも、日本から来た方を連れて行きました。

瀬川　そうでしょう、必ずね（笑）。そういうところでしょう。

『鬪魚』を見て

蓮實　ところで、時間的に、歴史的な流れからいうとこちらのほうが今日最初に伺おうと思っていた事柄なんです。先日国立アーカイブで見た『鬪魚』（一九四一）です。そのお話をちょっと伺いたいと思いまして。

瀬川　原作が誰でしたっけ。

蓮實　丹羽文雄（にわふみお）です。朝日新聞の連載小説でしたね。

瀬川　ええ、わたしは新聞で読んでいて、小説も面白かったし、映画になって灰田勝彦が出演するというので、もう真っ先に見に行った。

蓮實　この映画は今回初めて見まして、それは瀬川さんのおかげで見ることができたんですが、意外に面白いんですね。

瀬川　ええ、面白かったです。

蓮實　しかも女優さんがなかなかいいんです。あの女優さんはほんの短い間だけ女優だった人で……えー、里見藍子さん。

瀬川　はい、里見藍子。

蓮實　里見藍子という名前はほとんど知らなかったのですが、堂々としていて、背丈も結構ありましたし、それからハイヒールで歩くところなどは実にいいと思いました。

　島津保次郎監督に関しては、じつは、かつて東大の表象文化論の大学院の学生で、もう亡くなってしまったんですけれども、御園生さんという方がおられまして、その方が松竹メロドラマの研究をされて、その時に島津保次郎監督の『家族会議』（一九三六）について分析していました。

瀬川　ああ、『家族会議』。

蓮實　はい、その『家族会議』を取り上げてあったので、その時に島津保次郎をもう一度ほとんど見直しましたら、出来不出来が結構ある人なんですが、いいものは非常にいいです。

瀬川　じゃあ、結構古い監督なわけですか。

蓮實　松竹では一番古くて、伊藤大輔などのところで一緒に仕事をしていて、松竹の城戸所長とも仲が良くて。『家族会議』は一九三五、六年に東宝へ移ってからのものです。実際、先日

『闘魚』里見藍子ほか、監督島津保次郎、1941年

見せていただいた『鬪魚』も東宝の作品なんですね。

瀬川　『家族会議』は高杉早苗が出ていますね。

蓮實　ああ、そうです。

瀬川　あれも非常に面白い。原作も面白いし。

蓮實　はい。島津保次郎監督というのは、小津安二郎と同じ「ヤスジロウ」つながりで、若干、小津さんのほうが有名ですが、結構、しっかりした監督だとわたくしは思いました。『家族会議』も、まあなかなか面白いし、それから『お琴と佐助』（一九三五）というのはご覧になりましたか。

瀬川　いや、それは見ていません。

蓮實　これが一番素晴らしいんじゃないかと思います。

瀬川　誰と誰が主演？

蓮實　『お琴と佐助』は田中絹代と高田浩吉なんです。もちろん田中絹代もなかなかいいし、谷崎のものですし、結構面白い監督だと思いました。先日見せていただいた『鬪魚』は女性映画として、つまり、あれはキャリア・ウーマンの話でしたが、なかなかいい作品だと思いました。生々しくロケーションされた銀座の街並みをトコトコトコトコ歩く。あの歩き方がいいんですね。そこいくと田中絹代さんは、洋装にした場合にはあまり歩き方はうまくない。ところが、この里見藍子さんの洋装の歩き方は、とにかく、リズム感が抜群です。一九三〇年代の終わりから四〇年代の初めにかけて活躍されて、以後、パタリとどこかへ行ってしまわれるわけなんですけど。

瀬川　ああ、戦後は出てない。

蓮實　出てないんです。詳しく調べようと思ったら、あまり調べられることがなくて。それで、あの映画はそもそもが、厚生省の結核予防の宣伝なんですね（笑）。

瀬川　そうです、映画の一番初めに能書きが出てきました。

蓮實　はい。でありながら、しかし、女性、働く女性としてのあり方がいい。

瀬川　そうですね、とても進歩的です。

蓮實　そう思いました。モダンだし。瀬川さんがあの映画を最初にご覧になったのは、出征前だといってらっしゃいましたが。

瀬川　そうなんです。

蓮實　どうしてあの映画をご覧になろうと思われたんですか。

瀬川　まず、『闘魚』という小説を新聞で読んでいて面白かったのと、とにかく灰田勝彦が出るので見たかったんだと思います。ところが、灰田勝彦の音楽と歌はものすごくモダンで好きだったんですが、あの映画のほうは、役柄もありますが、もう、あまりの不甲斐なさに、しかも演技が拙劣なんで、しょうがないなあと思った記憶があります。でも映画としては非常に面白いと思いました。女優も堂々と闊歩（かっぽ）する。

蓮實　素晴らしい女優だと思いました。瀬川さんのおかげで、ひとりの女優を発見させていただきました（笑）。里見藍子は、他の作品にもいくつか、十本くらいいろいろ出ているようですが、田中絹代の日本的なよなよとした歩き方とは違う、堂々とした、しかもスカートの穿き方が素晴らしい人なんですね。

瀬川　しかし内容も、社会的に見ても面白いでしょう。芸者が踊る料理屋の場面もちゃんと出てたりね。それから、あのうるさいお母さんは誰でしたっけ、あの女優も上手でした。

蓮實　清川玉枝（きよかわたまえ）ですか。

瀬川　ああ、清川玉枝。ああいう俳優さんが当時はいたんですよね。

蓮實　それで、先ほどおっしゃったように、灰田勝彦がいかにもダメ男なんです。でも、どうしてあんなダメ男を、あの時期に撮ったんでしょうか。

瀬川　いや、よほど人気があったんです。あのころはもう大変な人気でしたから。

蓮實　ディック・ミネなんかより人気があったんですか。

瀬川　そうですね、新しいという点では。ディック・ミネさんは、もう昭和十年ごろに人気を博していますから、だいぶんベテランの域でした。灰田勝彦は、兄さんの灰田晴彦と組んで、兄さんのスティール・ギターのバンドで歌っていて、それが非常に進歩的で人気でした。やはりハワイ育ちですから、英語で日本の流行歌をずいぶん作っていましたし、ちょっと喜劇的なセンスもあって、「こりゃさの音頭」（晴彦作詞作曲）というのが当時流行（はや）って、英語でちゃかしちゃうような歌なんですが、そういう点で非常にモダンでした。

戦前日本の流行歌　ハワイアンとジャズ

瀬川　それで、今日はひとつお聴かせしたいと思いまして、いくつか曲をお持ちしましたので、まず灰田勝彦の歌で、その「こりゃさの音頭」をお聴きください。

【曲開始】

♫　Hear the Japanese Singing　コリャコリャ
And after ones swinging　コリャコリャ

蓮實　……ああ、英語で歌ってる。

瀬川　これなんですけど、「こりゃさの音頭」って。

蓮實　これも音頭なんですね（笑）。

They are goes singing
While we'er swinging　コリャサノサーノサー

瀬川　彼にはスポンサーといいますか、マダムのスポンサーが多かったんです。昭和十七年から十八年ごろ、同級生と一緒に大学の受験勉強で山中湖のホテルに泊まっていた時に、夜になったら彼のバンドが出てきまして、もう戦争がはじまっていたんですが、こういう英語の歌を盛んに歌っていました。たしか、わたしどもの二級くらい上の先輩のお母さんで、大変な勝彦ファンがいたんですよ。

蓮實　ああ、勝彦のファンなんですか。

瀬川　ええ、勝彦とそのバンドをそのホテルに呼んで、ホテルのステージで演奏させていたんです。それをちょうどわれわれも聴いていて、これはすごいなあと楽しんだ覚えがあります。

蓮實　今の曲も完全にスウィングですね。

瀬川　そうなんです。それに、日本語も入れて歌っているので、そういう意味で人気があったんです。その人気におそらく映画会社も目をつけたんだと思います。

蓮實　でも、いわゆるクルーナー的な音色とはちょっと違うんですね。

瀬川　ええ、いまのはね。でもクルーナー的なものも歌えるんです。「青い小径（こみち）」という曲がありますが、これもすごく流行（はや）って、ちょうどアメリカ民謡の「峠の我が家（Home on The Range）」に似たメロディをハワイアンの曲にしていて、ビング・クロスビー的にソフトに歌っています。こういう曲は、わたしどもの同級生もみんな歌っていました。「青い小径」も聴いてみましょうか。

蓮實　やっぱりハイカラだったんですね。

瀬川　そうね、ものすごく。当時は慶應なんかにずいぶんハワイアン・バンドがありましたし、学習院の桜友会なんかでもステージで歌っていました。

【曲開始】

♫　青い小径ゆけば　去りし日よ懐かし
　すみれ咲けど淋し　静かなる小川よ

瀬川　灰田勝彦は裏声も得意でね……これは兄さんのスティール・ギターね。笈田敏夫などは、みんなこういう曲を真似ていました。

蓮實　はあ、そうですか。これは何年ですか。

瀬川　わりに早くて、録音されたのが一九三六年、昭和十一年です。

蓮實　わたくしが生まれた年だ（笑）。

瀬川　昭和十年代はハワイアンがものすごく流行りました。大学で、慶應とか立教とか、学習院にもありましたけど、みんなハワイアンを始めて、ハワイアン大会が盛んで。

蓮實　灰田勝彦という人は立教でしたっけ。

瀬川　ええ立教です。

蓮實　そうですね。立教はセント・ポールというだけあって、何かああいう感じの人がよく出てくるんです。

瀬川　はい。で、お兄さんの晴彦はたしか獨協中学じゃないかな。

蓮實　いやあ、だけど、戦前とはとても思えない歌ですねえ。戦争は迫ってないわけですね、まだ。

瀬川　まあ、でも結構、戦前はああいう雰囲気だったのです、ハワイアンをはじめ。

蓮實　まあ「二二六」は昭和十一年ですから……。

瀬川　じゃ、次はトミー・ドーシーを聴きましょう。

【曲開始】

瀬川　これ「Song of India」という曲なんですが、邦題で「インドの歌」というタイトルが付いて、しかも、元はクラシックの曲なので、戦争中にも演奏できたんです。

蓮實　ああ、アメリカの曲ではないっていうことですか！

瀬川　ええそう、アメリカの曲じゃないってことで。……このトロンボーン・ソロが、トミー・ドーシーなんです。……この曲はリムスキー＝コルサコフの『サドコ』というオペラのアリアなんですね。

蓮實　だけどそれをこうしちゃうんですから、アメリカもすごいですね（笑）。

瀬川　……それでこの曲をそっくり歌にしたのがあるんです。まったくいまのトミー・ドーシー楽団と同じです。特にはじめのところのトロンボーン・ソロなんか、非常に似ているんですよ。コロムビア・オーケストラの鶴田富士夫(つるたふじお)という上手な人が吹いて、アレンジャーは、先日もお話に出た仁木他喜雄で、日本語の歌詞を付けてそっくりに仕上げています。つまり、トミー・ドーシーの演奏を歌にしたというわけで……ちょっと音を大きくしてもらいましょう……

【曲開始】

瀬川　ね、そっくりなんです。結構上手なんですよ。

蓮實　いやあ～、うまいもんですよね。……だけど、日本のオーケストラとは思わないでしょう、こういう演奏を聴けば。

瀬川　そうなんです。それで、さらにこれを淡谷のり子の歌にしちゃう。

♫　レモン花咲く　今宵　ひとり　浜辺に立ちて
　眺むるは　彼方
　遠く別れし君を　われは怨みはせねど　忘れられぬ想い

瀬川　……ああ声がよく出てる。ね、似てるでしょう。演奏もいいんですよ。

蓮實　いやあ、みごとな演奏だと思います。

瀬川　ですから、戦争の直前は演奏技術も相当高くなっていたんです。それから、このミミー宮島(みやじま)の「お祖父さんの時計」というのも戦争直前ですけど、これもかけてもらいましょう。

【曲開始】

全員　（笑）。

蓮實　いいアレンジですね。

♫　お伽の国の山よ河よこびとたちよ
　シンデレラのお姫さまよ
　消えて今は何処（いずこ）
　たのしい夜が訪れたのに
　振子の動かない　時計　時計
　お祖父さんの古時計

蓮實　これも淡谷のり子ですか。

瀬川　これはミミー宮島。子供のタップ・ダンサーです。当時、シャーリー・テンプルを真似たベビー・タッパーというのが流行したんです。アメリカやハワイ移民の二世のちっちゃな子供たちが、英語とタップができたので、ベビー・タッパーといわれて人気があった。だから、アメリカにシャーリー・テンプルが出れば、もうそれを真似てやるわけです……。

戦中のアニメ『桃太郎　海の神兵』『桃太郎の海鷲』

瀬川　それで、真似ということでいうと、戦前のアニメにも面白いものがありますね。今日お持ちしたのが、この『桃太郎　海の神兵』（一九四五）。たぶんご覧になったと思いますけど。

蓮實　たしか、古関裕而（こせきゆうじ）が音楽ですね。

瀬川　音楽はそうでしたね。

蓮實　『桃太郎　海の神兵』と、やはり桃太郎が付く『桃太郎の海鷲（うみわし）』（一九四三）というアニメが当時二本ありまして、『海の神兵』が四五年ぐらいで『海鷲』がその二年前ぐらいです。両方とも見た記憶があります。

瀬川　一番終わりのあたりに、鼻の曲がった白人が出てくるところが面白いんですよ。交渉して、それで決裂して、最後は特攻隊でしょう。

蓮實　何かそんな感じでしたね。

【映像開始】

瀬川　これは、はじまりも桃太郎がね……

蓮實　結構凝って作っているんですよねえ。

瀬川　……ここでいよいよ特攻隊というわけです。昭和二十年の四月ごろの作製だというから、もう終戦の直前でしょう、作られたのは。

『桃太郎　海の神兵』終盤交渉のシーン、監督瀬尾光世、
1945年

蓮實　そうです。十九年でしょう、実際に製作していたのは。この瀬尾光世さんという人が、ディズニーを全部見て、これはもう完全に真似るのは無理だといって、真似られないけれどもわれわれのものを作ってやろうといって撮ったらしいです。

この作品は上映時間が七十何分あって、日本のアニメの最初の長編ですね。『海鷲』のほうは、三十五分くらいの映画で、当時両方を見て興奮した記憶があります。『桃太郎の海鷲』には、ほとんど影みたいな形で猿が出てきて、飛行機の尾翼が撃ち落とされると、それを猿が尻尾でギュウッと持ちあげるっていうところをね（笑）……

瀬川　ああ、いいですね。

蓮實　……ええ、鮮明に記憶しています。『桃太郎の海鷲』もユーチューブに映像があるようですから、これも見てみましょう。

【映像開始】

蓮實　海軍省所蔵なんですね……このへんの画はかなりのもんなんですよ。

瀬川　すごいですね、技術的に。

蓮實　……瀬尾光世という人は男でしょうね。女じゃないと思いますけど……その、当時何か黒々としたものを見たっていう記憶があるんです。そうしたらまさにそうなのですね。ほら、黒いでしょう……ほとんど前衛映画ですよね、これ。……あれは本物の音？（笑）。ほら、ほら重いでしょう……ほうら。

『桃太郎の海鷲』冒頭戦艦のシーン、監督瀬尾光世、1943年

【映像】　一、二、三、四、五、六、七、八、九、十。

瀬川　わりに鮮明に再現されてますね、戦争中なのに。

蓮實　手塚治虫がこれを見て、目覚めたっていう。

【映像】　これより、空襲部隊をもって、鬼ヶ島にかかる。

瀬川　でしょうね。画面がはっきりしてる。うーん……うまいな。

蓮實　このアニメを見たのはたぶん八歳以前です……何かそこらへんでゲラゲラ笑った記憶があります。

瀬川　……これも昭和十九年から二十年ごろですか。

蓮實　……終戦の二年か三年前ですよ。

瀬川　はっきりしてるもんね。

蓮實　……うまいね画が。

瀬川　ねえ、大したもんだ。

蓮實　……桃太郎が（笑）。追いかけるんですよ、ここで。そうそうそう。

全員　（笑）。

【映像】　ワーーーーーー

蓮實　ははは。

瀬川　うまいですね。

蓮實　いや、だから技術的にも、それからアイデアにおいてもすごいですよ。……いちおう平和な解決を求めているようにも見えます。

瀬川　……これを作った人たちは戦後も活躍したんですか。

蓮實　いやあ、そこは全然わからないです。瀬尾光世って人、「セオ」は瀬川さんの瀬です。

瀬川　……ハワイアンが登場（笑）。南方の、傑作だ。

蓮實　……アメリカの旗は見せないわけですね。

瀬川　これは一般公開されなかったの。

蓮實　いや、これはされたと思います。わたくしもたぶん、母と華族会館で観たと思います。

瀬川　そうですか、素晴らしいですね。

蓮實　……で、落ちるんですよ、あそこへ。

全員　（笑）。

【映像】

♫　逃げろや逃げろや皆逃げろーあっつっつ、あっつっつ、こりゃ

瀬川　さっきの音楽は古関裕而さんだけど、こっちは誰でしょうね。

蓮實　……伊藤昇という、成瀬巳喜男監督の映画で音楽を何度か担当していたことがある人ですね。

瀬川　……製作プロダクションは同じなんですか。こちらと。

蓮實　同じです。ただしこちらは配給が松竹でしょう。

全員　（笑）。

蓮實　ここ、覚えてるんですよ。

瀬川　この時代は全部描いたのかしら。

蓮實　でしょうね、すごいもんです。……アメリカ人が見たらカンカンに怒るでしょうね。だけど、技術的にはびっくりすると思います。

瀬川　……あ、航空母艦……このＤＶＤも市販されていたんですか。

蓮實　これはユーチューブですね、いま。しかしこれがユーチューブにあったんですか……あれ、またやるんですよ。ああ……

【映像】

本日の鬼ヶ島攻撃は、大勝利をおさめ、島全艦隊を絶滅した。お前たちの勇敢なる働きを、艦長は嬉しく思う。なお、本攻撃において、我がほうの損害は、雷撃隊第3号機、1機であるが、乗員は奇跡的に助かり、目下本艦に帰りつつあることがわかった。以上！

……

蓮實　いやあ、大したもんですね。

瀬川　ね、すごいです。

蓮實　だから、日本は大変な国だったんですよ、あのころまでは。いまはどうでしょうか（笑）。

瀬川　まあ、これにしたって、戦意の高揚映画ではないです。

蓮實　そう、そうではないんですよ。しかも、プロキノ（プロレタリア映画同盟）の人だっていうからね（笑）。いやあ、だけど、『海鷲』も、それから『神兵』も見せていただきましたし、今日はありがとうございました。次回は瀬川さんにわたくしからいろいろ伺いたいと思います。

【コラム】映画『闘魚』を見て

『闘魚』をめぐって書き加えるべき断片

蓮實重彦

島津保次郎監督の『闘魚』は、ウォルシュの『A Lion Is in The Street（町の中のライオン）』がそうであるように、なかなか見ることのできない作品です。さいわい、国立映画アーカイブが十六ミリプリントを所蔵していたので、そのご厚意によって瀬川さんとご一緒に見ることができました。これが思いのほか新鮮な作品で、とりわけ同時代の銀座の光景がふんだんに、しかも生き生きと描かれており、ドキュメントとしての価値もあろうかと思われます。島津監督は終戦直後に四十八歳で胃癌で亡くなっておられるので、この作品はむしろ晩年のものといえるのですが、東京生まれの都会派監督の面目躍如たるものがあります。ご出征前にこの爽やかなメロドラマをご覧になった瀬川さんのお気持ちがどんなものだったか、ぜひ伺いたく思いました。

ここで、日本映画の歴史をざっと復習しておきますと、無声時代の一九二〇年ごろに映画製作を決断したばかりの松竹蒲田に入社した島津保次郎は、小山内薫（おさないかおる）の門下生として、師が本郷に設立した松竹キネマ研究所に移ってから旺盛な活動を開始し、その第一回作品『路上の霊魂』（村田実（むらたみのる）監督、一九二一）で、牛原虚彦（うしはらきよひこ）、伊藤大輔らとともに助監督を務めておりましたので、新世代の映画を担う新鋭として期待されていたのは間違いありません。ただ、同研究所の後続の作品があまり当たらなかったのでこの研究所は閉鎖され、それとともに松竹蒲田に戻った島津保次郎は、一九二一年にハウプトマン原作の『寂しき人々』で監督としてデビューしております。残念ながら、この時期の作品のほとんどはプリントが失われており、現在見ることができません。

　牛原虚彦は、東京帝国大学を卒業して映画を目ざしたという先駆的な人材で、この時代、いわゆる帝大出身者が、海のものとも山のものともわからない映画に有意の人材として集まりはじめた時期として記憶されるべきことかと思います。ちょうどその時期、一九二一年に、これまた帝大出身の城戸四郎が松竹の事務方に入社しております。城戸は関東大震災を機に、松竹蒲田撮影所の再建にかかわり、やがて撮影所長となり、その後は松竹の社長にまでなる人材ですが、一九二〇年初頭、時代は、明らかに変わりはじめていたのです。その城戸が、島津の『剃刀（かみそり）』（一九二三）を見て、そこに映画の未来を見いだしていたといったことが自伝で語られているのですから、島津が期待の監督であったことは間違いありません。世間でもこの保次郎という名前は有名になり、小津安二郎が松竹に入社した時は、「保次郎」のいる会社にもうひとりの「安二郎」が入ってきたといわれるほどでした。この時期、島津のほうが小津より遥かに有名だったのです。

島津は、トーキーになってからも、多くの観客を呼べる監督としてプロデューサーから信頼され、名高い文芸作品を原作とした上質のメロドラマを撮っていました。なかでも有名なのは谷崎潤一郎原作の『お琴と佐助』、横光利一原作の『家族会議』、浜本浩原作の『浅草の灯』（一九三七）などがあり、これが監督としての彼の最良の一時期といえるかもしれません。『お琴と佐助』の場合は、見ている人の数は限られているとはいえ、海外の批評家のうちには、もっとも優れた日本映画の一本に選んでいる人もいます。『浅草の灯』は、高峰三枝子が歌手役を演じており、その後に本格的な歌手としてデビューしたことでも有名です。

『浅草の灯』を撮った直後に、島津監督は松竹を退社して東宝の専属となりますが、『闘魚』はその時期の作品です。これまた、丹羽文雄の朝日新聞の連載小説を映画化したもので、島津監督の得意分野の作品だといえます。この作品の魅力は、何といっても、里見藍子という女優の存在です。歌手として有名で人気も絶頂だった灰田勝彦がその婚約者を演じ、彼女を助ける資産家の高田稔（たかだみのる）のほか、池部良は俳優としてデビューしています。里見藍子という女優は活躍の期間は短かったのですが、『闘魚』での役柄としては、銀座のオフィスで事務を執るキャリア・ウーマンで、不良で胸を患う池部良の更正を心から願っている。その彼女が銀座の舗道をハイヒールで闊歩する姿が何とも魅力的で、現代の女性映画のはしりのような自立した女性としての存在感を示しています。また、池部良が入所するサナトリウムも清潔かつ近代的で、きわめて見映えがよい。

厚生省が後援しているこの映画の背後には、結核を予防して戦力になる青年を戦地に送ろうとする時局的な意図が見え見えなのですが、サナトリウムの入所費を稼ごうとして、高田稔の経営している高級な民芸店で働き始め、出征中の灰田勝彦の家族から経営者との仲を疑われたりする里見藍子の女性としての自立ぶりが、きわめてすっきりと描かれており、時局性を超えて、女性映画としての充分の魅力を備えています。島津保次郎という監督は、小津安二郎監督のような例外的な作家性はそなえていませんでしたが、安心して見ていられる職業的な監督として、きわめて重要な立場にあったということが充分に理解できる作品でした。

しかし、この重要な映画作家をまともに評価した研究は、ほぼ皆無だといえます。数少ない例外として、故御園生涼子の『映画と国民国家――一九三〇年代松竹メロドラマ映画』(東京大学出版会 二〇一二)が存在しています。これは、序章第三節の題名にあるように、「『国民国家』の臨界点としてのメロドラマ映画」という視点から昭和十年代の松竹の製作体制を批判的に論じるという野心的な試みでした。これは、東大の表象文化論に提出された博士論文で、わたくしもその審査に立ちあいました。その後、惜しまれて急逝されたこの女性研究者が、野村浩将監督の『愛染かつら』の直前に、島津監督の『家族会議』を詳細に論じています。

当論考では『家族会議』に関して「複数のメディアを越境する」という節(第三章第二節)で分析されているように、この作品の詳細な分析というより、三木清のメディア論に触発されたものになっています。さらにはこれが二・二六事件の直後に公開されているという点から、「『家族会議』というメロドラマは、二〇世紀資本主義の論理の核心を描いた物語」だということから、高橋是清による財政政策にも着目することになり、これはいわば財政破綻として終わっていることを強調しているのです。こうした視点の選択は必ずしも間違ってはおりませんが、画面に見えているものの評価、佐分利信(さぶりしん)や高杉早苗といった役者たちの魅力——あるいはその限界——の指摘や、前作である『お琴と佐助』との比較による島津保次郎の演出手腕の評価、等々は皆無で、やや理論先行がたの論文であることが惜しまれます。映画の分析においては、まずそれがどのように見えているのかに着目すべきであり、その背後にある社会的な矛盾の分析、等々は、二義的な問題とならざるをえません。原作小説のはらんでいる社会的な矛盾と映画とは、本質的に一致しないからです。それが、映画の奥深さであり、絶えず画面に注目していなければならぬ困難さでもあるからです。

『闘魚』の魅力は、必ずしも一流とはいいがたい友成達雄（ともなりたつお）のロケーション撮影の、思いがけぬみずみずしさに負うところが大きいと思います。それは、導入部の銀座のロケーション撮影に如実に表れています。この人は、その後、斎藤寅次郎（さいとうとらじろう）監督の『憧れのハワイ航路』（一九五〇）のキャメラも担当しており、これは美空ひばりと岡晴夫（おかはるお）——それにエンタツやアチャコといった騒々しい顔ぶれ——を、下品さに陥らない程度にみごとに撮っていました。傑作とはいえないまでも、見るにたえる映画に必要なのは、こうした職業的な誠実さではないでしょうか。松竹時代の島津保次郎は、そのほとんどの作品のキャメラを桑原昴（くわばらすばる）が担当しており、監督とキャメラマンとのこうした職業的な結びつきも、きわめて重要なことなのです。

【コラム】映画『闘魚』を見て

出兵前に見た『闘魚』をふたたび見て思い出した彼是（あれこれ）

瀬川昌久

灰田勝彦のモダン流行歌の大ヒット

灰田勝彦はわれわれハワイアン愛好家の間ではヒーロー的存在だった。彼の歌った「青い小径」は当時ヴィクター・レコードから出ていて、「青い小径ゆけば　去りし日よ懐かし　すみれ咲けど淋し　静かなる小川よ……」という日本語歌詞を暗記して友人のウクレレ伴奏で合唱した。昭和十二年の発売だから戦前の学生ハワイアン流行の口火を切ったような歌で、学習院補仁会大会でも、先輩の方々のバンドが必ず演奏していた。この歌が流行（はや）ったので、日本製のハワイアン「森の小径」や「鈴懸（すずかけ）の径」が続いてヒットした。都会的モダニズムの象徴的存在でもあった彼には、パトロン的な後援者がたくさんいた。われわれが大学受験勉強のため、数人一緒に昭和十八年の夏、山中湖のホテルで合宿していた時のことだ。吹き抜けロビーの二階にあるスタンドに、灰田のバンドが陣取って盛んにジャズやハワイアンを演奏するのでびっくりしながらも嬉しくなったことがある。聞けば、学習院で上級の金子さん御一家がわざわざ灰田バンドを呼んで演奏させていたのだという。

灰田勝彦はヴィクター専属の流行歌手としてアメリカのジャズソングやハワイアンとともに日本製の歌謡曲もたくさん吹き込んだ。映画にも出演して主題歌を歌うようになり、特に昭和十五年二月封切りの南旺映画『秀子の応援団長』に高峰秀子と並んで出演し、主題歌「青春グラウンド」と「燦めく星座」の二曲をSP盤両面で発表した。このB面、佐伯孝夫作詞、佐々木俊一作曲の「男純情の愛の星の色　冴えて夜空にたゞ一つあふれる想い　春を呼んでは夢見ては　うれしく輝くよ　思い込んだら命がけ　男のこゝろ　燃える希望だ憧れだ　燦めく金の星」は大流行した。特にハンサムのやさ男が「……命がけ、男の……」などというちょっとやくざっぽい詩をビング・クロスビー張りの甘い声でささやくのにわれわれ若者はしびれたのであった。

昭和十六年の東宝国民劇『木蘭従軍』に小夜福子や岸井明と出演し、その主題歌三曲「月の歌」「三人仲よく」「故郷の唄」（いずれも外国曲に白井鉄造が詩をつけた）がレコード録音されてこれもよく売れた。この絶大な人気があったので、東宝が『闘魚』の映画化に際し、里見藍子の相手となる男優に灰田を起用して、まったく歌わない芝居を演じさせたのだろう。

戦争がはじまった昭和十七年以降も、灰田は「ジャワのマンゴ売り」「新雪」「鈴懸の径」「南国の夜」など南方情緒のヒット作をいろいろ出している。一方、戦局の激化とともに「空の神兵」「ラバウル海軍航空隊」などの軍歌調の歌も録音せざるをえなくなったが、彼が歌うと不思議に悲壮な抑圧感がなく耳に入りやすかったのである。

灰田勝彦主演映画『闘魚』の思い出と島津保次郎監督の再発見

人気者の灰田は映画にも出演して、東宝映画『秀子の応援団長』で高峰秀子と共演し主題歌の「燦めく星座」がヒットしますが、同じ昭和十五年に丹羽文雄原作の『闘魚』に主役として出演し、この映画を当時観劇したのはよく覚えています。わたしは高校時代からひとりで好きな映画を見るようになり、家から近くの「江戸川松竹」によく通ったのですが、『闘魚』は東宝なのでどの映画館で見たかは覚えていないのですが、原作の丹羽文雄の新聞小説を読んで興味を持ち、灰田の本格的主演という点にも惹かれたのでしょう。

　ストーリーはともかく、灰田が頭髪をザン切りにして国民服姿で出演し、相手役の許嫁(いいなずけ)の美人女性に対して親の意向に屈して婚約を解消するという何とも煮え切らない態度、それも拙劣な演技に対してまったくがっかりした記憶が鮮烈に残っています。今回、蓮實さんの口添えのおかげで京橋のフィルムセンター（現国立映画アーカイブ）でこの映画をじっくりと見ることができてじつになつかしく思い出しました。戦時色の濃い昭和十七年の封切りですが、高田稔や里見藍子が魅力的に演じ、この映画が初演作でもある池辺良の、頼りない里見の弟役が印象に残っています。

　当時は監督の島津保次郎のことはまったく関心がなかったのですが、彼の松竹映画『家族会議』は横光利一の小説も読んでいたので当時見た記憶があり、これは松竹の女優陣に画面で接するのが嬉しかった。特に高杉早苗の成熟した女性的魅力に惹かれました。あとでわかったのですが、昭和十一年のこの映画にまだ若い桑野通子(くわのみちこ)が出ていました。桑野通子の超モダン洋装姿に強く惹かれたのは、のちの『愛染かつら』の大ヒット時、その総集編を江戸川松竹で見た時だったと思います。わたしには長身ハンサムの上原謙(うえはらけん)には、丈の低い日本的な美女の田中絹代よりも、アメリカ帰りの最新ファッションで現れた長身抜群スタイルの桑野通子のほうがふさわしいのにと勝手に考えたりしたものでした。桑野がアメリカ留学から帰って田中絹代の存在を知り身を引くという結果が、なぜかわたしには長く脳裡に残っているのです。とにかく西條八十作詞の「花も嵐も踏み越えて　行くが男の生きる道」といわゆるいう愛染メロディはわれわれも全部覚えて口ずさむほど流行っていました。わたしが所謂日本の歌謡曲が嫌いでなくなったのは、このころからです。

島津保次郎監督については、戦時中、東宝満映提携作品として製作された『私の鶯』が当時の日本では上映されず戦後発見されて復刻されました。李香蘭が亡命ロシア人オペラ歌手の養女となり、オペラティックな主題歌（服部良一作曲）をロシア語で歌うという比較的戦時色の薄い国策映画として注目さるべきと思います。

Ⅳ章　二〇一九年四月二十六日

前回話題とされた映画『A Lion Is in The Streets』を監督したラオール・ウォルシュが、リンカーン殺しの役柄で出演した映画『國民の創生（The Birth of a Nation）』（D・W・グリフィス監督 一九一五）のDVDを持参した蓮實氏により、リンカーン暗殺のシーンが上映され、対談最終日がはじまる。

リンカーン殺しに扮するラオール・ウォルシュ『國民の創生』

瀬川　ウォルシュは役者も兼ねていたんですね、当時は。

蓮實　はい、彼はもともとは舞台の役者でしたが、『國民の創生』での演技が評判になって映画界に入り、すぐさま監督になった男です。弟のジョージも、無声映画時代のスターでした。監督としての師はいうまでもなく『國民の創生』のグリフィスでしたが、無声映画時代には監督もしたし、俳優としても四十本以上の映画に出ています。俳優として一番有名なのは、サマセット・モームの短編「雨」を翻案した『港の女（Sadie Thompson）』（一九二八）でしょう。これはウォルシュの監督作品ですが、彼自身も助演格で出演しており、サディー・トンプソン役のグロリア・スワンソンを誘惑する嫌みな軍曹をねっとりと演じています。彼は、リンカーンの暗殺者のように、邪悪な役柄が得意のようでした。しかし、『港の女』の直後、『懐しのアリゾナ（In Old Arizona）』（一九二八）の撮影中に交通事故で右目を失明してしまい、以後、アイパッチ姿で監督することになるのですが、残念ながら役者業からは遠ざかってしまいました。

瀬川　『The Birth of a Nation』ね、一九一五年というとまだすごく若いね、きっと。

【上映開始】

蓮實　……これがリンカーン暗殺の光景です。ジョン・ウィルクス・ブースという男がウォルシュ扮する殺人者です。

瀬川　ジョン・ウィルクス・ブース。

蓮實　はい。現実の彼は、父も兄も有名な俳優という役者一家に生まれ、彼自身も役者でしたから、遺されている写真を見たかぎりでは、実に立派な顔をしている。だから、ウォルシュのような存在感のある役者がその役を演じる必要があったのでしょう。南軍のリー将軍が降服した五日後に、リンカーンはフォード・シアターというところに行き、そこで殺されます。

瀬川　はい、あ、それを再現しているわけですか。

蓮實　正確な再現かどうかはわかりませんが、当時の新聞などの記録通りに撮っているようです。

蓮實　フォード・シアターで上演されているのは、イギリスの大金持ちのいとこからお金を巻き上げるという劇なんです。それをリンカーンが観に行く。その会場に来ているあの若い恋人たちは、リリアン・ギッシュとヘンリー・B・ウォルソールです。それで、リンカーンがい

『國民の創生』ジョン・ウィルクス・ブースに扮するラオール・ウォルシュ、監督D・W・グリフィス、1915年

ま到着した。そして、警備員が護衛のために任務に就く……南北戦争はまだ正式には終わっていませんが、この場面は南軍を指揮していたリー将軍が降伏してから五日後ですから。

瀬川　ああ、五日後。

蓮實　ですからまだ南部の連中が彼に対する怒りを持っているわけです。

瀬川　……この音楽は当時から付いていたんですか。

蓮實　いや、のちに付けたものです。

瀬川　後で付けたものですか……セットは壮大ですねえ。

蓮實　……はい、これが、ウィルクス・ブースに扮するウォルシュです。

瀬川　ああ、なるほど。彼はこういうことが好きだったんだなぁ、このころから。

蓮實　先ほど申しましたが、ウィルクス・ブースそのものが役者なのです。ヴァージニア州の役者。……それでピストルの撃ち合いがここでありますす、ふふ。

瀬川　ああ。

蓮實　……リンカーンは即死ではなかったようです。近くの家まで連れて行かれて、そこで命を落としている。……はい、ではこのへんまでで。ありがとうございました。

ですから、一番の悪者をやっているわけです、ウォルシュが。歴史的な悪者ということになりますかね。

瀬川　彼はそういう大統領の暗殺などがあったアメリカの歴史に関心を持っていたわけですか。

蓮實　ええ。リンカーンの殺人者を自分が演じたということと『A Lion Is in The Streets』とはまったく無関係とは思えない。両方とも暗殺の話ですから。

瀬川　そういうことには非常に関心を持っていたんでしょう、おそらく。

蓮實　この写真はウォルシュが扮するリンカーン殺しの写真ですが、風貌もよろしゅうございましょう。悪そうだけれども貫禄がある。

瀬川　ねえ。まだ若いですね。

蓮實　ええまだ若い、三十歳前後ぐらいかと。

瀬川　まあこういうのは非常に貴重な再現写真です。

蓮實　はい。

瀬川　この映画は製作当時、相当評判になったんですか。

蓮實　はい、大評判になりまして、無声映画時代のアメリカ映画史でそれまでの最大の超大作です。グリフィスはのちに『イントレランス（Intolerance）』（一九一六）という超大作を撮りますが。

瀬川　なるほど。

蓮實　ところがいまでは、この映画ではクー・クラックス・クランが……

瀬川　はい、ＫＫＫ。

蓮實　ええ、ＫＫＫが、いかにして銃を持った黒人兵たちを懲らしめるかという話なので、今日のポリティカル・コレクトネス的な視点からいうと、問題があるんです。ＫＫＫが勝ってしまう映画なんですから（笑）。

瀬川　あ、このストーリーの中で。

蓮實　はい。ある時、白い布の中に隠れている人たちを見た黒人たちが非常に驚き、それを見ていた男がいまして、それがこの映画の主人公なんですが、ＫＫＫが白い布を着始めることが描かれています。それからもうひとつの問題点は、最後に、黒人たちのほとんどが召集されるんですが、そうすると、黒人たちが全部銃を持つことになり、それをうまく扱おうとする者たちによって煽動されて、黒人たちが白人たちを攻撃するようになるお話なんです。

瀬川　なるほど。それは、国軍のほうですか。南部のほうで。

蓮實　ええ、黒人奴隷がたくさんいた地域で。

瀬川　黒人たちを武装させて白人を殺させるわけですね。

蓮實　はい、というような筋書きがありまして、ＫＫＫがなぜ必要かをこの映画で見せているので、いまは政治的に良くない映画とされています。

瀬川　なるほど。何か最近、ブロードウェイで黒人がリンカーンを演ずるのがありました（スーザン＝ロリ・パークス作『Topdog/Underdog』）。

蓮實　ああ、そんな話がありました。

瀬川　ええ、ありました。この映画は、ウォルシュの初期の……

蓮實　はい、まあ、出世作といいますか……。

瀬川　問題作というか。

蓮實　はい。もちろんこれを撮ったのはあのグリフィスですから、ウォルシュはグリフィスの助監督として働き、しかも出演しているわけです。先ほどもお話ししましたが、その後に彼自身が監督した『港の女』という、誘惑されてぐれてしまう女をグロリア・スワンソンが演じている映画があるんですが、その誘惑する悪い軍曹の役でウォルシュが出ていたことで、これも非常に有名なんです。

瀬川　なるほど。あるいは、ジェームズ・キャグニーなんかも、思想的にそういうウォルシュに共鳴して、それで『A Lion Is in The Streets』の監督をお願いしたのかもしれませんね。

蓮實　そこまでのことは、わたくしが読んだかぎり何も書いてありませんでした。キャグニーがそれまでヒットした作品がウォルシュの映画だったので、またヒットしたいということだったのではないかと思います。

瀬川　……いまの映画は一九一五年ですね。

蓮實　ええ、一五年。

瀬川　アメリカでトーキーになったのは……

蓮實　二七年から三〇年にかけてですから、それよりも十五年前の作品です。この監督のグリフィスという人はアメリカ映画の父といわれていたんですが、トーキーになってから落ちぶれ、以後、撮れなくなってしまいます。ですから彼自身の生涯にも、映画史の皮肉が込められている。あれだけ素晴らしい映画を無声映画時代に撮っていたのに、トーキーになるとほとんど撮れない。リンカーン自身を描いた『世界の英雄（Abraham Lincoln）』（一九三〇）というすぐれた映画をトーキーで撮っているんですが、それでも、昔ほどの名声はなくなってしまう。

瀬川　アメリカでもこの映画のような無声映画時代の作品はほとんど復刻されているんですか。

蓮實　はい、出ております。やはりアメリカは、アーカイブが非常に発達しておりますから、これもたぶん、もともとは誰かが発掘して現在見られるようになっているんですね。

瀬川　いま見た映像には日本語の字幕も入っていましたか。

蓮實　はい、入っております。

瀬川　じゃあ、日本で買えるんですね。

蓮實　ええ、日本で出したものです。これはアメリカの歴史をある面から知るには非常にいいものです。まあ、反面教師的な部分もあります、黒人をある程度悪者扱いしてしまっているわけなので。

瀬川　でもそれは、政府のポリシーでおそらくその時は仕方なかったんでしょう。

蓮實　映画だけを見ていても見えない歴史があるということだと思いますが、一方で、この映画には黒人と白人との混血が出てきて非常に曖昧な役を演じているんです。

映画の中の黒人の描かれ方

瀬川　アメリカの音楽史上でも、混血の美人女性が段々スターになるということがありましたけど、わたしが非常に好んだ美人の女優さんで、あの『ラウンド・ミッドナイト（Round Midnight）』（一九八六）に出てきたロネット・マッキーね。歌もうまいし、芝居もうまいので、彼女はビリー・ホリデイを描いたミュージカルの初演にも出演したんです。その『ラウンド・ミッドナイト』はなかなかいい映画だったんですが、舞台がフランスなんですね。やはりフランスは伝統的に黒人に対する人種差別が少なかったんですか。

蓮實　まあ、アメリカほどではなかったということでしょう。もちろん、黒人差別反対の動きは一八〇〇年代前半からアメリカにもありました。ジョン・ブラウンという奴隷制度廃止運動家がいます。

瀬川　はい、ジョン・ブラウン。

蓮實　彼は南北戦争が起こる直前に処刑されてしまうんです。

瀬川　白人ですね、ジョン・ブラウンは。

蓮實　白人です。この人のことも映画になっていまして、『カンサス騎兵隊（Santa Fe Trail）』（一九四〇）という映画で、そこでは悪者にされています。黒人を焚きつけて儲けようとしたとして。ただし、このジョン・ブラウンが死刑になる時に、フランスの詩人ヴィクトル・ユーゴーが、それには反対するという文章を発表したんです。ですからいまよりも、ヨーロッパとアメリカの関係ははるかに近かったようです。

瀬川　なるほど。

蓮實　いま、iPhoneで検索しましたら出てきましたが、ジョン・ブラウンはこういう顔をした男なんです。これを革命家と捉えるか、煽動家と捉えるかです。

瀬川　ああ、奴隷制度廃止運動家。一八〇〇年代ですからずいぶん早い段階ですね。

蓮實　はい。その煽動の仕方が問題であるということで、彼は結局死刑になってしまうんですが、それもやはり西部劇の題材になっており、それが先ほど述べた『カンサス騎兵隊』という、マイケル・カーティスの監督作品なんです。ジョン・ブラウンが完全に悪者として描かれていて、それを見た時は、ああ、こういう人間がいるのかなあと思っていましたが、その後、フランス文学を学んでいったら、ヴィクトル・ユーゴーが彼を救えという嘆願書を出していたと知りました。ということで、やっぱり歴史は映画を見ただけじゃダメだな、と理解したんです。

瀬川　いろいろあるわけですよね。しかし、一八〇〇年代にね……。

蓮實　はい、生まれたのは一八〇〇年で、一八六〇年直前に処刑されています。

瀬川　ああ、五九年の十二月二日に処刑されたとあります。

蓮實　結局、黒人に武器を取らせるにはどうするかということが問題だったんです。ところが、南北戦争も終わると、黒人がほぼ全部徴兵されてみんなが銃を持ちはじめる。それで白人たちが恐れたということはあるようです。ところが、先ほど見た『國民の創生』では黒人兵たちが悪者にされていますが、その後ジョン・フォードが『バファロー大隊（Sergeant Rutledge）』（一九六〇）という映画を撮り、その映画では黒人の兵隊が西部に配属されるわけです。そこで黒人が如何に勇敢に戦ったかという形で、西部の黒人部隊へのオマージュを、ジョン・フォードが捧げております。奴隷制度ひとつ取っても、じつに複雑な動きが映画のなかに現れてくるのです。

瀬川　なるほどね。

アメリカの文化に見る人種問題

蓮實　たとえば瀬川さんがジャズをお聴きになると、大体おわかりになりますよね、これがどういうメロディでどういう和声なのかと。そうすると、アメリカをある意味で非常に身近に感じていらっしゃるわけです。ところがアメリカにいらして、『A Lion Is in The Streets』をご覧になると、こんなことがアメリカにあったのかとびっくりされる。つまり音楽を通じてアメリカを身近に感じるということと、身近と思っていたアメリカがいきなり遠くに行ってしまうような感じがあります。だからあの映画をご覧になってヒューイ・ロングという人間に驚かれる。まあ、あの映画はヒューイ・ロングをそのまま映画化したものではありませんが、しかしヒューイ・ロングのことを語っている。それで、こんな人間がいたのかと思ってニューオリンズまでいらしたなどというお話を聞くと、ほんとに感動いたします。わたくしもアメリカでこんなことがあったかと思うようなことはずいぶんありましたが、最近の映画を見ますと、かなり実話を元にしたものがありまして、瀬川さんがご覧になったという『グリーンブック（Green Book）』（二〇一八）も……

瀬川　はいはい。じつはまだ見てないんです（笑）。話はずいぶん詳しく聞きまして、面白そうですね。

蓮實　これは、十代の時にヨーロッパに留学したという天才的な黒人のピアニストが五、六〇年代のアメリカで白人たちのおもちゃのように飼い殺しにされるというお話です。南部のほうに行けば少しは状況が変わるだろうと思い、出発直前にイタリア人の運転手を雇うわけです。このふたりの掛け合い漫才のようなやり取りがなかなか面白いんですが、しかし、五〇年代の終わりに、天才的なクラシックのピアニストが黒人のなかにいたという事実に、本当にこういう人物が実在したことに驚きました。わたくしはまったく知りませんでしたから。映画はフィクションですから、それに似た役者たちが演じて、十歳のころ天才といわれてヨーロッパの音楽学校に行く黒人が五〇年代にいた、という設定で語られていますが、このような天才の黒人ピアニストがいたんですね。

瀬川　芸能界では、非常に上手な黒人の演奏家は、特にピアニストに多いんです。彼らは一九二〇年代から人気を得ていて、たとえばあの「メモリーズ・オブ・ユー」という有名な、一九三〇年に作られたバラードは、ユービー・ブレイクという黒人のピアニストによる作曲です。ベニイ・グッドマンのクラリネットによって大変ヒットして、誰しも耳に馴染みのある曲だと思います。ユービー・ブレイクはやはり非常に尊敬されて、ブロードウェイのショウには三〇年代から出ていたという例もあります。

ただ、それは舞台で人気を得るというだけで、プライベートの生活になると、ホテルには泊まれないとか、レストランには入れないとか、白人のトイレットには行けないとかいうことがあったわけなんでしょうけど、段々、おそらく六〇年ごろから、クラシックにも、白人と同等に演奏し、それが評価されるという人が出てきたわけです。八〇年代には、ジャズ界にウィントン・マルサリスという天才的なトランペッターなども出てきました。彼はクラシックの交響楽団でトランペット協奏曲を吹いたり、ジャズのほうでも精力的に演奏したりして、ものすごく尊敬され、たとえばニューヨークにあるリンカーン・センターから委嘱されて音楽監督として専属のオーケストラを編成していました。でもその時には逆に、黒人の優れたプレイヤーでなければそのオーケストラには入れないということで、何ていうんですか、逆の、白人蔑視(笑)、そんな非難が起きたりして、音楽とか芸能の分野での黒人の評価はもう段々確立される。しかし、実際の生活とか、人間としてのいろんな初歩的な文化面では、平等に、というのはなかなか……まあキング牧師が活躍しても、果たしてどのくらい……。

蓮實　六〇年代の公民権運動のようなものが、アメリカ社会にとってどの程度効いたのか。いまそれへの反対の動きみたいなものも出てきてしまっているわけです。そこらへんがちょっと複雑かなという気がします。

瀬川　うん、それと、いまトランプがもっとも問題にしているのは、メキシコなどの、黒人でない別人種の人たちの大量不法流入とか、中国などから優れた人たちがアメリカの大学にどんどん入って、実際のアメリカの学術的な面を担っているという新しい動きに対してなんだと思います。しかしね、アメリカ人というと、そのなかには白人と黒人と、それからその混合というのが基本的なアメリカの人種構成だとされてきたわけです。

蓮實　そこにラティーノが入るわけです。

瀬川　ええ、そうです。そしてさらにその新しい人たちの流入によって、今後どういうふうに変わっていくのか。

蓮實　それはもう、誰にも想像はできないけれども、現実としては受け止めなければいけないということです。アメリカには、特にニューヨークなんかは不法移民の子供なんてゴロゴロいるわけですから。

瀬川　ええ、ものすごくいっぱい。たしか、ニューヨークの三十丁目くらいかしらね、ヒスパニックの人たちの通りが軒並みにたくさん並んでいる界隈があります。ところで、一九三〇年代初めにフランスに行った例の、有名な黒人の女優がいましたね……

蓮實　ええ、ジョセフィン・ベイカーですか。

瀬川　そう。しかし、彼女などは大変な人気を得てフランスのいろいろな金持ちやなんかと結婚したりしていますが、ジョセフィン・ベイカー自身も少し白人の血が入っているのでしょうね。

蓮實　そう、混血だと思われます。

瀬川　おそらく、いまのアメリカの黒人だと、どこかで少しぐらいは白人の血が入っちゃってる人も多いんじゃないかしらね。

蓮實　ええ珍しくないと思います。もちろん純粋黒人というのがアメリカにたくさんおりますが、これが、芸能界にデビューすることのほうが、スポーツ界にデビューすることより簡単だったんです。アメリカの、たとえば大リーグで、黒人が初めてプレイしたのが第二次世界大戦後なんです。それまでは、ニグロリーグというのがあって、そこからジャッキー・ロビンソンがデビューしたのが一九四七年四月十日でした。ですから、ごく最近になって、四月十日には大リーガー全員が彼の背番号42を付けて、ジャッキー・ロビンソンを称えるということがあります。そこにアジア人が活躍するなんてことは、アメリカ人は考えてもみませんでしたからね。だからアメリカがある程度開かれてきたという側面はあるのですが、映画のほうでいいますと、ニグロリーグがあるように、三〇年代にはやはりニグロムービーというジャンルがあるんです。

瀬川　でしょうね、黒人が見るための。

蓮實　はいそうです。じつは黒人だけではなくて、イディッシュ映画というジャンルもアメリカにはありました。そのなかで活躍して、普通の映画館でかかる映画の監督になった人もおりますが、アメリカのその人種の攪拌ぶりは、われわれにはなかなかわからないくらい深いものがあります。そのように、三〇年代から四〇年代にかけてイディッシュの非常に優れた映画が作られ、ニグロムービーといわれている映画も、そのころずっと作られていました。ただし、普通の映画館にかかることはあまりなかったわけです。

瀬川　でも、ユダヤ系の映画人というのは初期からたくさんいるわけなんでしょう。その面の差別というのは、むしろないくらい、ユダヤ系のほうが多かったんじゃないですか。

蓮實　はい。ビジネスは圧倒的にユダヤ系が多いのですが、ただしその人たちが自らをユダヤ人というふうにはあまり公言していないわけです。だけど名前を見れば、メトロ・ゴールドウィン・メイヤーなんて、どうしたってユダヤ系という感じがします。

瀬川　じゃあ、「イディッシュ」という場合はおそらく、後期の移民かもしれませんね。

蓮實　そうなんです。ですからその移民のための映画というのがあって、それ専門に作られていた監督のなかからかなりの人が出ています。

瀬川　まあ、ジョージ・ガーシュインも、ロシア系のユダヤ人だったといいます。でも、少なくとも、アメリカではユダヤ人への人種的な差別というのはまったくなかったのですから、特にポピュラー音楽界のなかではむしろ、ユダヤ系でない人のほうが小さくなっていたんじゃやないでしょうか。クラシックのほうも、ユダヤ系のクラシックの人がものすごく多いですからね。

蓮實　ええ。ですから、しかるべきところではそれが当然というふうに認められていたんだと思います。ごく最近のアメリカ映画を見ますと、その『グリーンブック』もそうなんですが、その前に、スティーヴ・マックイーン監督の『それでも夜は明ける（12 Years a Slave）』（二〇一三）という、これも実話を基にした映画が二〇一四年にアカデミー賞作品賞をとり、今回の『グリーンブック』も作品賞でした。一時、黒人がまったく受賞しなかった時期がありましたが、それに対する反動なのか、最近は黒人が非常に頻繁に賞をもらうんです。

瀬川　そうですか。

蓮實　ところが、アメリカ映画、要するにごく普通のハリウッド映画で黒人俳優がいつごろから主役を演じはじめたかというと、これはかなり時間が経つわけです。『手錠のまゝの脱獄（The Defiant Ones）』（一九五八）という映画がありまして、それは黒人と白人が同じ手錠につながれて逃げるという話で、お互いに喧嘩し合っているけれども助け合わざるをえないというような、いわば絵に描いたような作品で、わたくしなどはそういう図式化はあまり好みませんから、見直したい映画と思いませんが、このスタンリー・クレイマー監督の『手錠のまゝの脱獄』が、黒人俳優が主演をしたハリウッド映画の経始というふうにいわれます。ところが一方で、これは瀬川さんの著作集での対談でもお話に出ました『アメリカの影（Shadows）』（一九五八）のように、黒人俳優が主演の映画がいわゆるニューヨーク派のほとんど実験映画のよう

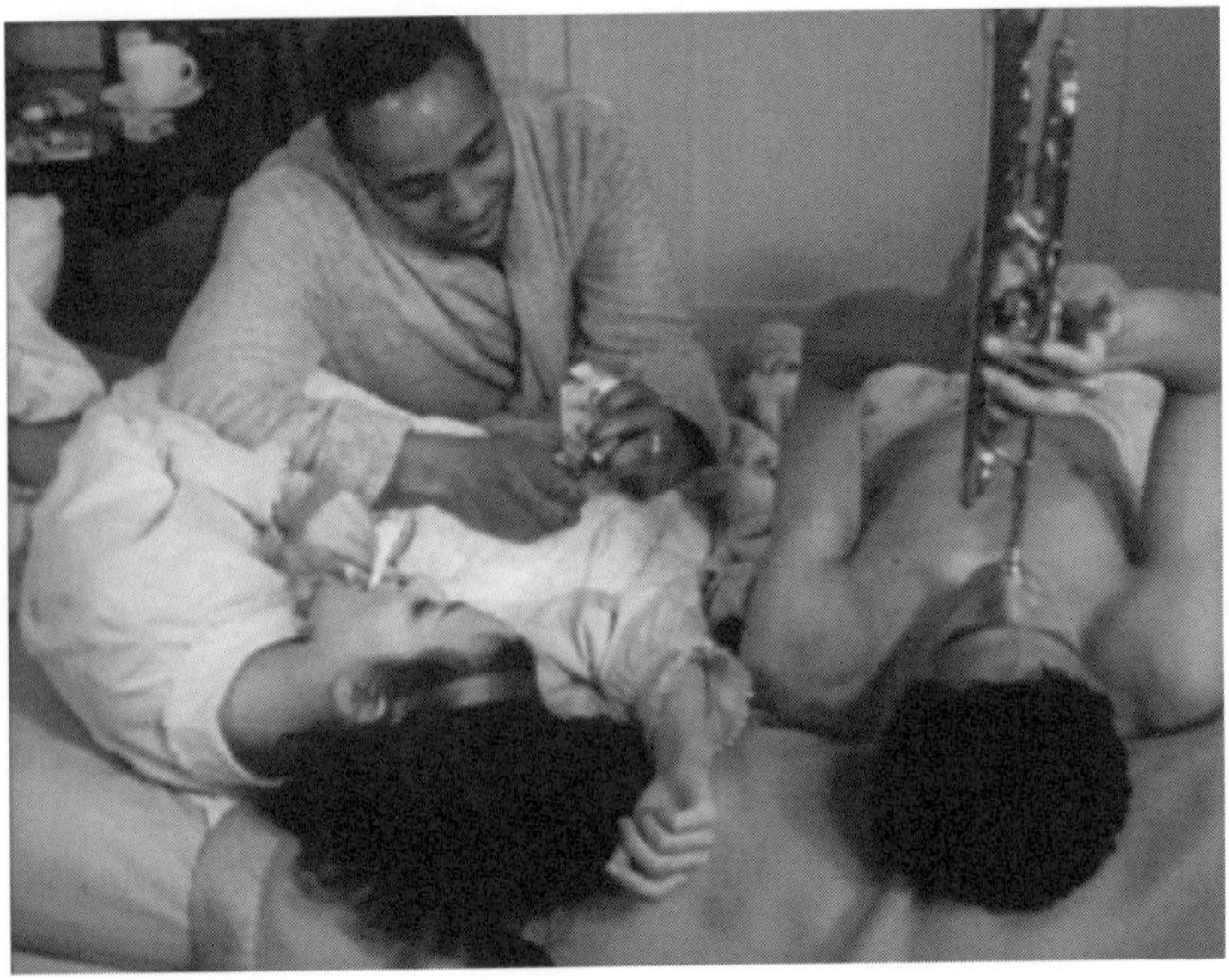

『アメリカの影』レリア・ゴルドーニ、ヒュー・ハード、
ベン・カルーザス、監督ジョン・キャサベテス、1958年

な形で作られ、これは音楽の入れ方にしても、ハリウッドの音楽の入れ方とは全然違います。そういうものが五〇年代の終わりに出てきたんです。『アメリカの影』という映画はふたつバージョンがあり、ひとつは十六ミリで撮ったほとんどそのままを、あまり編集を加えないで作ったバージョンと、翌年の五九年に三十五ミリにブローアップし、撮り足してわかりやすくなっているバージョンがあります。その撮り足さない、五八年版のほうがいいという人もおりますし、わたくしもどうもそういう感じがしているんですが、そのような動きが、いわゆるハリウッド映画にはない側面です。これはニューヨーク派の映画ですから、ニューヨークから『アメリカの影』のようなものが出ていたところが、合衆国の面白さかなあという気がいたします。

瀬川　『Shadows』はずいぶん前に見ました。アメリカ映画の歴史の中で、黒人と、それから混血のね……

蓮實　たしかにいろいろ問題はありますが、アメリカ映画の歴史のなかでは、ああいう映画がなければ、黒人はほとんど主要な被写体として描かれていなかったので、あれはあれで、非常に面白いものだと思いまして、『アメリカの影』について語ったものもあります。

瀬川　五〇年代の終わりですね、あの映画は。

蓮實　ええ。当時はまだミンガスのような人が映画に音楽を付けるなんてことはなかったわけですから。

瀬川　そうですね。

蓮實　まあ、あれが映画用の作曲なのか、インプロヴィゼーションなのか、わたくしにはよくわかりませんが。

瀬川　『Shadows』は面白い映画だと思いました。それで……ちょっと話は逸れますが、サミー・デイヴィス・ジュニアっていますね。彼なんかは、黒人的な感じがしないというか……

蓮實　ええ、社交界にうまく取り入ってく。

瀬川　ええ、黒人的な感じがしない。まあ、少し黒いだけで、何か、黒人ぽくないんです。シナトラとも仲良かった。それで何か感じるのは、ステージに出てきても白人と違うっていう感じがしないんです。

蓮實　彼はハーフかクォーターなんですか。

瀬川　まあそうでしょう、ずいぶんと肌の色が薄いと思います。

蓮實　彼の物真似なんてみごとなものですからねえ。何もいわないでジョン・ウェインの歩き方を真似すると、ほんとにジョン・ウェインそっくりなんです。

瀬川　非常に人気もありましたから。

蓮實　シナトラとディーン・マーティンとも一緒に旅行したりして。しかも、大統領に呼ばれたりなんかしていますから、それに比べればもっと惨めな白人はたくさんいたわけです。

五〇年代、六〇年代のアメリカ映画

瀬川　映画にしても音楽にしても、やはり五〇年代から六〇年代は、アメリカを中心とした音楽芸能といいますか、そこには映画も入るんでしょうけど、ある意味で、その幅も非常に広くなり、それから質的にも高いレベルの作品も生まれ、大体五〇年代六〇年代で、今日(こんにち)までのあらゆるものの基礎ができたんじゃないか。これは、わたし自身の体験から思うことです。わたしの芸能的な体験は、五、六〇年代のいろいろな自分の体験があって、それ以降はその体験の普遍的なつながりみたいなもので、その後に、何か特別に大きな変化はしてないような気がするんです。実際上、音楽にしても、映画にしても、いろいろな可能性のある要素が、五、六〇年代に出尽くしたっていうわけでもないんでしょうか。

蓮實　出尽くしたと申しますか、題材の上で、限界に来てしまった。

瀬川　ええ、そうなんです。

蓮實　それでアメリカ映画の歴史では、何人かの監督たちは、題材の上でもっと素直にエロティシズムを描いてもいいんじゃないかという方が出まして、たとえばオットー・プレミンジャーという監督なんですが、その人たちが少しずつ変えていったと思います。特にヘイズ・コードという、これは三〇年代に成立する映画製作の自主倫理規定がありまして、男性と女性とが同じベッドにいるところを撮ってはイカンとか、いろいろ制約がありました。

瀬川　アメリカでも。

蓮實　ええ、アメリカで。ですからハリウッド映画の夫婦というのは大体セパレーツのベッドに寝ているわけです。それが、六〇年代のなかごろに、その規制がほとんど無効になり、同じダブルベッドの上に裸の男女が何人でも横たわっていてもいい、というような時代が来たのです。その変化が大体六〇年代です。言葉遣いの上でも、使ってはいけない言葉などがたくさんあったのに、やはり六〇年代、映画で聞こえてはいけないはずの言葉や音声が聞こえてもいい、使ってもいい、ということになってまいりました。

　ところがそのころは、ほとんどの古典的なアメリカの優れた監督たちは映画を撮り終えてしまっていて、アメリカの新しい監督がなかなか出なかったんです。その隙を突くように出てきたのが、五〇年代の終わりから六〇年代初めにかけての「ヌーヴェル・ヴァーグ」を含めたフランス映画です。これは、アメリカ人たちよりも新しい形でジャズを取り入れる、あるいは普通では考えられないような編集による映画を作るといったものでした。それがちょうどわたくしの大学院時代です。『死刑台のエレベーター』も『大運河』も大学院時代に見ました。むしろフランス映画を通じて、アメリカの大きな楽団編成のスウィング・ジャズとは違ったジャズを聴いたと記憶しています。

瀬川　そうなんです、その通りです、その当時。

蓮實　何といいますか、個人プレイのような音楽です。当時のフランス映画を見て、何かそういう音楽を奏する人たちがいるということを感じ取りました。それ以前の大きなビッグ・オーケストラのジャズとは違うものを取り込んだのはヨーロッパのほうが早かった。幸い、わたくしがフランスにいる時にも、そういう音楽を演奏する人たちがパリにたくさんいたので、時々聴いたりしておりましたが、なぜアメリカ映画がその新しい形でのジャズをいち早く取り入れなかったかということは、ひとつ問題として残るんです。ジャズマンが音楽を付けているアメリカ映画で有名な……えー……ちょっと名前がいま出てきませんが、とにかく、それまでアメリカ映画はジャズそのものを生で聴かせるような音楽は付けていなかったんです。それがヨーロッパ経由でアメリカにも入って、ようやくアメリカ映画が少しずつ新しくなってきたというのが六〇年代なんです。

瀬川　当時の五七、八年から六〇年代にかけて、新しい表現の傾向というのは、いわゆる、先ほどおっしゃったようなリアリズムですね。もっとリアルにいろいろな表現をしようということで、それがおそらくフランスのヌーヴェル・ヴァーグにかさなって見えたんですが、アメリカでもいわゆるヌーヴェル・ヴァーグのような、新しいリアリズムで行こうという運動は、五〇年代の後期くらいから盛んになったんですか、それともそういう運動はあまり出なかったんですか。

蓮實　やはりアメリカの映画はハリウッドが中心です。そうすると、ニューヨーク的な感性、たとえば先述の『アメリカの影』の監督、ジョン・キャサヴェテスなどもニューヨークで撮っているんです。そのニューヨークで撮っているキャサヴェテスもハリウッドに呼ばれると結局失敗してしまう。ハリウッド的な感性とはどうしても合わないわけなんです。ハリウッドが新しいものを取り入れることは、すでに確立したヨーロッパの何か、ヨーロッパの音楽家とか、あるいはヨーロッパのキャメラマンを使うとかではあっても、撮り方そのものが決定的に新しいということは、だいたいはニューヨーク派からで、ハリウッドからは出てこなかったんです。

ハリウッド映画とウエストコースト・ジャズ

瀬川　なるほど。わたし、ちょっと当時の記憶を辿りまして、これは新しいリアリズムだったかなと思う映画は、それまでのボーイ・アンド・ガールの何というか、ハッピーエンド式とは違う、たとえば、『黄金の腕（The Golden Arm）』（一九五五）などです。あの映画は、オットー・プレミンジャー監督で、音楽がエルマー・バーンスタインなんですね。彼は、アメリカの映画で何かそういう新しい音楽を入れた創始者じゃないかと思うんです。

蓮實　はい、そうだと思います。

瀬川　たとえば、フランク・シナトラが麻薬中毒で、ドラマのなかで非常に苦しむ場面があり、見ていても苦しくなるんですが、そこで使われていた音楽は、ほとんどウエストコーストのジャズメンを起用していて、非常にモダンなサウンドを作ろうという運動があったと思うんです。

ニューヨーク系のアート・ブレイキーなどを中心とする、黒人のいわゆるハード・バップとか、ファンキーとかではなく、ウエストコースト・ジャズというのが、当時、やはりモダン・ジャズの一環として非常に人気を得てきた時期でもあり、まあ、そのほうが、当時のアメリカ映画にはフィットしたんだと思うんです。この映画は当時人気になりまして、続いてバーンスタインが音楽を担当したのが、『成功の甘き香り（Sweet Smell of Success）』（一九五七）。

蓮實　はい、素晴らしい映画だと思います。

瀬川　『成功の甘き香り』も、五七年です。芸能界のコラムニストの生活を克明に描いていますが、これはチコ・ハミルトンという、やはりウエストコーストのジャズメンを使っています。バーンスタイン自身の編成したいわゆるビッグ・バンドの演奏もあり、そこに、スパニッシュ系のドラマーのチコ・ハミルトンが、彼のコンボでちょっとモダン・ジャズ風なサウンドを取り入れていました。これも当時、われわれが聴いていて、モダン・ジャズを作っているなという感じがしたんです。五八年にはロバート・ワイズ監督の『私は死にたくない（I Want to Live!）』という映画もありました。これも非常に暗い映画で、無実だと主張しても殺人罪で追い込まれていくスーザン・ヘイワードが名演だった。恐怖感というか、見ていてとても不気味で、当時、「ジャングルの夜みたいな」と形容されたこともある映画で、ジョニー・マンデルという、やはりウエストコーストのジャズメンが音楽を付けています。こうしてみると、何か非常に暗い映画でモダン・ジャズを使っているんです。そして、ハリー・ベラフォンテが製作にも入っている、ロバート・ワイズ監督の『拳銃の報酬（Odds Against Tomorrow）』（一九五九）という映画もそうでした。これは『大運河』のジョン・ルイスを引っぱってきて音楽を付けています。

蓮實　先ほどわたくしが挙げようとした映画の名前はその『拳銃の報酬』でした。

瀬川　ああ、やはり『拳銃の報酬』ですか。復員軍人がロバート・ライアンで、黒人の賭博師がハリー・ベラフォンテ、そして、警官上がりのエド・ベグリー、その三人の銀行強盗みたいな話です。そのなかで黒人と白人が対立するところもある、いわゆるサスペンスですが、そこで使われているのがMJQ（モダン・ジャズ・カルテット）のジョン・ルイスのサウンドです。ちょうどヨーロッパで『大運河』に使われたMJQの音楽が評判になってきたころです。フランスで取り上げられるやり方とは少し違いますが、ハリウッド的にも、そんなにハッピーでない映画には、モダン・ジャズが使われたという感じがいたします。

蓮實　いま挙げられたいくつかの作品の監督たちのなかに、オットー・プレミンジャーという、アメリカ映画製作者協会を辞めてしまった人がいます。いろいろな拘束を受けることなく映画を撮るために、協会を辞めてしまうという人なんです。『月蒼（あお）くして（The Moon Is Blue）』（一九五三）という彼の映画では、使ってはいけない卑猥な言葉を平気で使わせているんですが、映画製作者協会に入っているとそこの検査を受けなければいけないので、協会を辞めて検査を受けないまま映画館に流してしまう、という非常に面白い人なんです。しかし『黄金の腕』の音楽、それがウエストコースト系のジャズだということは知りませんでした。それから、『成功の甘き香り』のマッケンドリック監督は、長らくイギリスで撮っていて、この作品はアメリカに帰ってきての第一作です。非常に瑞々しい素晴らしい作品で、わたくしも大好きなんですが、使われていた音楽はやはりウエストコースト系の人なんですか。

瀬川　そうなんです。エルマー・バーンスタインはウエストコーストの作編曲家として非常に活躍して、シェリー・マンなど、ウエストコーストのジャズメンたちを起用して、非常にモダンなサウンドを作り上げているんです。

蓮實　それから、『拳銃の報酬』は、この前の時もたしか取り上げたと思いますが、ロバート・ワイズ監督の作品です。それで、彼の超大作がありましたが、ええ何でしたっけ……踊りを交えた……ああ、『West Side Story』（一九六一）です。これが超大作で、大金を……。

瀬川　はい、『ウエスト・サイド物語』、もう大成功しました。

ミュージカル映画の変容

蓮實　ところが、『ウエスト・サイド物語』は、じつはどうも好きになれませんでした。なぜかというと、それまでミュージカル映画というと、ひとりの人がみごとに踊っているのをキャメラがじっと撮っていたんですが、『ウエスト・サイド物語』は、出演者みんながいい加減に踊っていても、キャメラは、それを断片的に撮って、後から編集すればみんなが踊っているように見えるだろうという感じの映画なのです。ですから、アステアのようにみごとに踊ってそれをわれわれが見るのではなく、かなりデタラメに踊っているところを編集でうまくつなげるとそれなりに見えてしまう。ということで、『ウエスト・サイド物語』にわたくしはカチンと来たのですが、むしろ大作ではない白黒映画、さっきお挙げになった『拳銃の報酬』や『I Want to Live!』、すなわち『私は死にたくない』などは、これはカラーでしたが、わたくしは見てホッとした記憶があります。それと、スーザン・ヘイワードが……

瀬川　そうスーザン・ヘイワード。非常に名演ですね。

蓮實　はい。いずれも大作ではないわけですが、『拳銃の報酬』でもMJQを使っていて、そういう点では、わたくしは、この監督はやはり馬鹿にしてはいけないという気がいたします。

瀬川　ハリー・ベラフォンテの名前が製作のなかにも入っていますが、よほど彼は金があって、とても意欲的だったんでしょうか。

蓮實　その、お金があったかどうかはともかく、彼の名前で……

瀬川　はい、歌がヒットします。

蓮實　はい。彼の名前でしかるべき人たちから資本を巻き上げるぐらいはできただろうと。

瀬川　なるほど。非常に人気がありましたから。人間的にも見ていて好ましい人でした。ところで、いまおっしゃった『ウエスト・サイド物語』は、非常に評価されていますけど、例のシエイクスピアの『ロメオとジュリエット』を翻案して、ニューヨークのイタリー系とプエルトリカン系の対立を描いている。実際にどの程度あのような対立があったのか知りませんが、何かちょっと奇妙な感じがする映画です。大受けを狙っている点も非常に多くて、いかがでしょう、あの映画は。

蓮實 若者たちの、いまを輝いているような役者たちを全部使っているんですが、その人たちがほんとに踊ってない。ほんとに踊って次に行くのではなくて、そこはもうカットしてカットしてつなげていくと、ああいう映画になっちゃうというわけで、わたくしはまったく、ダメですねえ。

瀬川 あれ、振付はジェローム・ロビンスでしょう。

蓮實 そうそう。

瀬川 ただね、あのなかで、例のプエルトリカン系の女性がみんなで「アメリカ、アメリカ」って歌って踊るシーンがあるでしょ。あのあたりは、ダンスとして、わたしは悪くはないと思います。あのシーンでダンスのリーダーを務めた女性は、のちに相当有名なダンサーになりましたね。ただ、あのミュージカルは劇団四季でも公演していて、日本ではえらく人気があります。それに挿入歌の「マリーア」は、人気の俳優が何かブロードウェイ・ミュージカル・ヒット曲集と銘打って、必ず選曲するほど、いまでもしょっちゅう歌われているんだけど、僕はあんまり好きじゃないよね。

蓮實　それはもうまったくわたくしも……。

瀬川　その後のミュージカル映画では、『キャバレー（Cabaret）』（一九七二）が面白い映画でした。あの映画を作ったボブ・フォッシーについては、ちょっと面白いなあと思いました。そういう意味じゃ、映画人です、ボブ・フォッシーは。リアリズムかどうかしらないけど……。

蓮實　『キャバレー』には原作があるんです。その原作のほうが、えーと、何といったっけな、一九三一年にナチスが台頭してきたワイマール共和国の話で……ごく普通の映画にもなっているんです。それがものすごくいいんです。えーと、いやだなあ、その原作の名前が出てこない……。ボブ・フォッシーの場合は、ミュージカル的なものですが、その映画は物語そのものの映画で、しかも物語とは無関係な題名なんです。何でしたっけ、いやあ、変だなあ……ん……あ、ベルリン……ああ、『さらばベルリン』ですね、小説は。それで映画は『嵐の中の青春』（一九五五）という邦題で、原題が『I Am a Camera』。

瀬川　『I Am a Camera』ね。

蓮實　はい。『嵐の中の青春』はイギリス映画で、これがなかなかいいんです。ヘンリー・コーネリアスの作品です。わたしは自分が見たものだけを語っていくぞという『I Am a Camera』。

瀬川　それが、イギリス映画になっているんですか。

蓮實　そうです。

瀬川　一回見てみたいな、それは。

蓮實　これもＤＶＤを持っていたと思うので、探してみます。

瀬川　ミュージカル映画としては、あのへんでボブ・フォッシーが出てきて、非常に面白いと思いました。フォッシーはもともとはダンサーで、ダンサーとして映画俳優になって、その後映画を作っていくわけです。それでボブ・フォッシーの元から優れた女性ダンサーが巣立っていて、『キャバレー』で主演をして『オール・ザット・ジャズ（All That Jazz）』（一九七九）にも出ていた何て名前でしたっけ……。

蓮實　映画の『キャバレー』の主演はライザ・ミネリです。

瀬川　ええ、映画のほうではなく、ブロードウェイのミュージカルのほうで主演をした……

蓮實　ボブ・フォッシーですと、ジーン・フットっていますね、あれは男性ですが。

瀬川　……ああ、アン・ラインキングという女性ダンサーです、振付もする。それで、ボブ・フォッシーの死後は彼女がフォッシーに代わって演出をするんです。彼女は、フォッシーから散々虐められて教育されたダンサーなんですが、厳しくやられたのにやっぱりフォッシーに対する愛情は消えない……そんな不思議な男性なのね、フォッシーって。非常に羨ましい男ですよ（笑）。それで現在は、あの日本の誰だっけ……

蓮實　米倉涼子（よねくらりょうこ）が……。

瀬川　そうそう、米倉涼子が出演したりね。

蓮實　『シカゴ』ですね。

瀬川 そうそう、『シカゴ』。あれもすごいよね。

蓮實 わたくしは映画のほうの『シカゴ（Chicago）』（二〇〇二）はどうも……ですね（笑）。

瀬川 ストーリー的にはやっぱりハチャメチャですけど、ダンス的には、わたしは非常に面白いと思います。

蓮實 もともと振付師で、それから映画監督にもなったバズビー・バークレイがいますが、彼は自分の好きなことしかしないから、破滅型になってしまって、でも、ボブ・フォッシーの場合は、やはりそれなりにストーリーをまとめるんです。そこがわたくしはちょっと気に入らないところ（笑）。

日本の女優の英語力と三島由紀夫の英語力

蓮實 瀬川さんは米倉涼子の『シカゴ』はご覧になりました？

瀬川 ええ。

蓮實 彼女は才能あるんですか。

瀬川 ええ、なかなかね。英語も上手になりまして。それからスタイルも背が高くてアメリカのダンサーと一緒に並んでもそんなにおかしくない。大したもんね。

蓮實 そうなんですか、やっぱり。テレビのコマーシャルなんかに出ていると、こんな人にできるのかなあっていう気がしましたが。

瀬川　いやいや、ほんとに。ものすごく細くてね。

蓮實　いまの日本でいうと、彼女くらいですか、ちゃんとそういうことができるの。

瀬川　そうですね。女性で英語がものすごくできてっていうと、戦後はナンシー梅木(うめき)がアメリカで……

蓮實　ええ、アカデミー助演女優賞をもらった。

瀬川　アカデミー助演女優賞ね。だからそれだけ、英語もそこそこうまかったのに、それ以来日本の女優さんがアメリカの映画のなかに本格的に活躍したという例が、まったくないんですけど、そのことはどういうふうにお考えになりますか。

蓮實　いやー、日本には彼女たちを売り出そうとするエージェントがいないからだと思います。

瀬川　ああそうですか。

蓮實　アメリカはもうほとんどエージェント主義ですから、うまく売り込みをかけないかぎり、ダメだと思います。だからいま、何とかいうカタカナの名前の女性がちょっとアメリカで出ているじゃないですか。シェリーじゃないな、何でしたっけ、あの、お父さんがバングラデシュの人。あ、ローラ。

瀬川　ほう、じゃあ、混血ですか。

蓮實　混血です。

瀬川　まあ、混血だと発音がわりに自然ですから、いいかもしれません。
蓮實　瀬川さんの英語は、高等科時代から何か外国人についていらしたんですか。
瀬川　いえいえ、わたしは文乙ですから高等科時代はドイツ語の先生についてました。戦争前はドイツ語です。学習院で新関先生とか磯部先生、それと新関先生のお弟子さんの若い方に紹介していただいてドイツ語は勉強しましたけど、戦後はとにかく英語ができなきゃいかんというので、先日もお話ししたように富士銀行から半年、日米会話学院に送られる制度に応募して、板橋さんという学院長に習いました。日米会話学院は英語の会話をものすごく厳しく教えてくれて、いろいろな銀行や会社から派遣されて来た人が多くて勉強になりました。
蓮實　富士銀行から派遣されたんでしたね。
瀬川　そうなんです。これはいい制度で、半年間は銀行には行かず、日米会話学院に毎日九時に行って四時頃終わればもう帰っちゃっていいんです。とにかく英語のできる人材を養成しようということで、一回に三、四名くらいずつ選ばれて行きました。これはもう楽々と英語の勉強ができました。
蓮實　それはネイティブの人が教えてくれるんですか、それとも日本人ですか。
瀬川　海外からの先生もいました。その院長の板橋さんは、戦前の日米学生会議で活躍した人でした。日米学生会議は、一九三五、六年ごろから学生が自主的に毎年催していた会議で、何とか日米関係を良好なものにしようとしていたんです。その会議の人たちがずいぶん戦後の日米関係にも貢献したようです。僕は当時ちょうど、日本に来ていた二世の人と親しくなって、彼にも教わって、リンカーンのゲティスバーグ演説なんていうのは一生懸命暗唱した（笑）。もういまは忘れちゃいましたけど。

蓮實　三島さんは、英語はできたんですか。

瀬川　まあ、相当できたほうだと思います。とにかく、ドナルド・キーンと非常に親しくて、ドナルド・キーンが紹介してくれて『近代能楽集』をブロードウェイで公演する話が出てきたんです。彼はそのために、ちょうど僕が二度目に滞在していた五六年から五七年くらいにかけてニューヨークに来ていました。

蓮實　支店ができてからですね。

瀬川　ええそうなんです。彼はスパニッシュのダンスなんかがとても好きで、しょっちゅう一緒にそういうレストランで食事をして、ダンスを見たりね……。

蓮實　その時は、瀬川さんは彼を、それから彼は瀬川さんを何とお呼びになるんですか。

瀬川　ああもう、平岡、瀬川で呼び捨てですよ。ええ、われわれずっと昔からね。

「ヌーヴェル・ヴァーグ」とモダン・ジャズの関係

瀬川　この機会に蓮實さんにお話を伺いたいのは、フランスでヌーヴェル・ヴァーグが起こっかイタリアとかの合作なんです。

て一番初めに作られた『大運河』という映画は、フランスとイタリアの共同作品ですか。

蓮實 あのころはフランス独自の作品というのはほとんどありませんでした。大体イギリスとかイタリアとかの合作なんです。

瀬川 なるほど、ロジェ・ヴァディムが監督で、ジョン・ルイスが音楽を担当して、たしかベネチアの水の景色が出てきますけど、あの男爵と呼ばれたドイツ人は、有名な俳優なんですか。

蓮實 はい。クリスチャン・マルカンです。

瀬川 彼が囲っていたフランスの娘と、そのふたりをめぐってたくさんの男たちが出てくる、何といいますか、いわゆる耽美主義という印象の映画ですが、あのメイン・テーマの「ゴールデン・ストライカー」は非常に流行りまして、われわれレコードで散々聴いたもんなんです。それがフランスでモダン・ジャズを映画で使用した初めての……

蓮實 最初の作品。

瀬川 ええ、そういわれているわけで、その次が『死刑台のエレベーター』です。たまたまマイルス・デイヴィスがパリに来ていて、彼を主にして、フランスにいるケニー・クラークというドラマーや、フランスの一流のジャズメンを起用していて、われわれとしてはものすごく興味を持ちました。ルイ・マルという監督は、この映画が処女作なんですか、それとも……

蓮實 『死刑台のエレベーター』は第一作だったのです。

瀬川 なるほど、非常に若かったようで。

蓮實　はい、二十六、七だと思います。

瀬川　女優はジャンヌ・モローですが、当時ものすごく色っぽくて、われわれ、非常に憧れた（笑）。ハリウッドの女優とはちょっと違った……

蓮實　親しみやすさというのとは違うけれども、何か距離感が近いんですよ、ハリウッドの人たちよりも。

瀬川　女性的な魅力がありました。『危険な関係（Les Liaisons Dangereuses）』（一九五九）にも出演していますが、この映画もロジェ・ヴァディム監督ですね。

蓮實　はい。

瀬川　ジェラール・フィリップとジャンヌ・モロー主演で、音楽はアート・ブレイキーやセロニアス・モンク、デューク・ジョーダンを起用しています。特にデューク・ジョーダン作曲でアート・ブレイキー&ジャズ・メッセンジャーズの演奏した「危険な関係のブルース」は日本でも流行りました。当時アート・ブレイキーを中心としたジャズ・メッセンジャーズのいわゆるファンキー・ジャズが大流行して、その一環としてこの映画も非常に評判になり、この映画ののちにアート・ブレイキーは日本に来ました。

蓮實　はい、六〇年代の初めにまいりましたね。

瀬川　一九六一年の正月の二日、サンケイホールでありました。そのころ、ちょうど白木秀雄というドラマーが、アート・ブレイキーなどのモダン・ジャズを取り入れる日本の最先鋒だったんです。白木のクインテットは当時人気があって、わたしも親しくしていて、アート・ブレイキーを一緒に聴きに行き、終わってから白木秀雄がブレイキーの一行を自宅に連れて行ったんです。その自宅というのが、当時、白木が結婚していた水谷八重子の邸宅でした。

蓮實　ああ、そうですか、お母さんのほうですよね、当然。

瀬川　当時は水谷良重。つまり水谷八重子の娘さんのほうです。彼女は非常にジャズが好きで、ジャズを歌いたがって白木が教えたりして、恋仲になって結婚したんです。赤坂見附のあの橋を渡った、たしか左のほうに、広大な水谷八重子の邸宅があって、そこへサンケイホールが終わってからメッセンジャーズ一行を招待して、ひと晩、白木なんか一生懸命、アート・ブレイキーからドラムを教わって、みんなそれぞれのメンバーが楽しんでいた覚えがあるんです。その後、ジャズ・メッセンジャーズは日本で非常に流行って、それがモダン・ジャズ・ブームにつながります。油井正一さんや野口久光先生の話によると、いろいろな小説のなかにまで「ブルース・マーチ」だとか「モーニン」というアート・ブレイキーのヒット曲が使われて、蕎麦屋の出前が自転車を運転しながら「ブルース・マーチ」を口ずさんだというのが、当時の謳い文句にもなっていました。

　日本ではそんな時代がありましたが、フランスでは六〇年代も引き続き、ヌーヴェル・ヴァーグにモダン・ジャズを使うような傾向は続いたんでしょうか。

蓮實　はい。いまのお話を若干厳密にいわせていただきますとですね（笑）。

瀬川　すいません（笑）。

蓮實　いえいえ。じつは、ロジェ・ヴァディムも、『死刑台のエレベーター』のルイ・マルも、厳密な意味では「ヌーヴェル・ヴァーグ」とはいわれていないんです。「ヌーヴェル・ヴァーグ」といわれているのは、その直後に出たジャン＝リュック・ゴダールとフランソワ・トリュフォー、それからクロード・シャブロルといった人たちです。『カイエ・デュ・シネマ』という映画批評誌の批評家たちです。一九五九年にトリュフォーの『大人は判ってくれない（Les Quatre Cents Coups）』という映画があり、これがカンヌで大注目され、その時に生まれたのが「ヌーヴェル・ヴァーグ」という言葉なんです。ですから、同じ時期に撮っておりますが、ルイ・マルもロジェ・ヴァディムもいわゆる括弧付きの「ヌーヴェル・ヴァーグ」の外部にいる人間というふうに見做されていたわけです。それはフランスの内部の事情でありますけれども、しかし、いわゆる「ヌーヴェル・ヴァーグ」のトリュフォー、ゴダールといった人たちは、もちろんジャズも使いますが、フランスの作曲家たちに依頼しています。トリュフォーの場合はジョルジュ・ドルリュー、ゴダールの場合はこないだ亡くなったミシェル・ルグランなどが挙げられます。

瀬川　ああミシェル・ルグラン、なるほど。

蓮實　はい、ミシェル・ルグランなどがむしろ「ヌーヴェル・ヴァーグ」の作曲家と見做されていたんです。ですから、もちろんゴダールもジャズを使っていますが、トリュフォーはあまりジャズを使わず、モーリス・ジョベールというフランスの偉大な作曲家がおりまして、その流れをくむモーリス・ジョベールのような映画音楽を付けていくのが、いわゆる「ヌーヴェル・ヴァーグ」の流れなんだと思います。ただし彼らもその周辺にいる人たちも、なにせ、映画を一本撮ることが非常に難しい時期でしたので、なるべく安く撮らなければいけないわけです。オーケストラを組んで大編成なんてとてもできないというので、これも「ヌーヴェル・ヴァーグ」には属しておりませんが、何人かの作家たちがジャズを使ったことはあります。エドゥアルド・モリナロなどという監督の作品にジャズを使った映画が何本かあったように記憶しています。モリナロの長編第二作の『殺られる（Des Femmes Disparaissent）』（一九五九）では、アート・ブレイキー&ジャズ・メッセンジャーズを使っていました。それで、いまからお見せするのは、『La Chasse à L'Homme』（一九六四）という映画で、フランソワーズ・ドルレアック、ジャン゠クロード・ブリアリ、ジャン゠ポール・ベルモンド、カトリーヌ・ドヌーヴそれにマリー・ラフォレまで出ているんですが、当時は日本では公開されず、テレビで『男を追って』として放送されたものです。

【上映開始】

蓮實　この映画の音楽は、ミシェル・マーニュと、それにジョルジュ（ヨルゴス）・ザンベタスというギリシャの音楽家が担当しています。全編ではないのですが、所々多少はジャズっぽいんですよ。

『男を追って』出演ジャン＝クロード・ブリアリ、フランソワーズ・ドルレアック、ジャン＝ポール・ベルモンド、カトリーヌ・ドヌーヴ、マリー・ラフォレ、クロード・リッシュほか、監督エドゥアール・モリナロ、1964年

瀬川　はあ、ちょっとこう、フリージャズのようなラッパがついていますね。

蓮實　はい、エドゥアルド・モリナロという人もこのようにジャズを使っていたフランスの映画作家のひとりです。

「ヌーヴェル・ヴァーグ」とアメリカ映画

瀬川　蓮實さんが初めてフランスにいらしたのは何年。

蓮實　一九六二年から六五年までです。

瀬川　じゃそのころからフランス映画と音楽について、何か特にこう……

蓮實　いや、もちろんフランス映画もそれ以前から見ておりましたし、先日シネマヴェーラで見たあの『巴里の屋根の下』などは、中学時代から名画座で見ておりました（笑）。それで、五〇年代のフランス映画は、ルノワールやジャック・ベッケルなどの一部の例外をのぞいて全般的にどうも面白くないと思っていたんです。するとそこへゴダールとかトリュフォーが出てきて、あ、これが、自分が探してたものだというふうに思えたのです。ですから五〇年代のわたくしが高校大学にいたころは、やはりアメリカ映画のほうが圧倒的に面白かった。それで、大学院の時にゴダールが出てトリュフォーが出てシャブロルが出て、それからフランスに行きましたら、一時ほどの勢いが彼らになく、シャブロルはもう堕落したといわれ、ゴダールは難しい映画ばっかり撮って、『カラビニエ（Les Carabiniers）』（一九六三）という映画などは一千八百人しか入らなかったという記録を持っている。わたくし自身がその一千八百人のひとりだと名誉に思っているのです、わたくしは（笑）。そういう時代ですから、必ずしも「ヌーヴェル・ヴァーグ」が勢いづいていたというわけではなくて、わたくしの行ったころは「ヌーヴェル・ヴァーグ」の監督たちはみんな苦労しておりました。

そのゴダールが、わたしはアメリカ政府のことはまったく好きではないが、アメリカ映画のことは誰にも負けず好きだといったことがあるんです。というように、何といいますか、やはり「ヌーヴェル・ヴァーグ」のほとんどの人たちは、アメリカ映画で育っている。しかも、アメリカ映画の古典で育っているんです。先ほどお見せしたグリフィスなどはみんな見ているわけです。ですから、「ヌーヴェル・ヴァーグ」というのは、新しいことのようでいながら、一種の原点回帰みたいなところがあって、その点では「ヌーヴェル・ヴァーグ」の人たちは、同時代のアメリカ人たちよりはアメリカ映画をずっと見ていた側面がありますので、「ヌーヴェル・ヴァーグ」とアメリカ映画との関係というのは非常に屈折した面白いものがあります。みんな好きなんです、アメリカの古い映画を。

瀬川　アメリカで、たとえばリンカーン時代のことや、あるいは白人、黒人の差別が映画で段々リアルに描かれてきたことを考えると、フランスというのはね……。わたしは、フランス革命というのは本当に奇妙な事件だと思うんですが、アメリカのようにリアルにフランス革命

『グレースと公爵』出演ルーシー・ラッセル、ジャン・クロード・ドレフュス、フランソワ・マルトゥレほか、監督エリック・ロメール、2001年

前後の、フランスの歴史を映画で描いたものはフランスにはありますか。

蓮實　はい、エリック・ロメールという人が、『グレースと公爵（L'Anglaise & Le Duc）』（二〇〇一）という映画を撮っています。これは、むしろフランス革命批判です。フランス革命からすぐテロルに行ってしまったことをたまたまフランスにいた外国人女性の目で批判している作品です。フランス革命の功罪はいろいろあると思うのですが、少なくともテロルをはじめ、あらゆる人の首を次から次へと切ってしまうような、そういう形でしか成立しなかった共和制というものに対しては、ある種の疑問を感じております。ですから、どちらかというと、自由主義思想といいますか、何でも考えられるはずだという思い込みが、実はフランスの伝統的な「共和主義」幻想によって、共和主義だけが優れているというふうに思いはじめた人々が、現代のフランスをダメにしたんじゃないかなあという気がしておりますね。

瀬川　そういうことを面白く描いた映画なんですか。

蓮實　ええ、おそらく、フランス革命をあれほど辛辣に描いた映画はないと思うくらいなのです。これも「ヌーヴェル・ヴァーグ」出身の監督なんですが、面白い映画でした。みんな断頭台の露に消えていってしまうのに、自分がイギリス人だからそれを逃れた、ひとりの女性の回想という形なんです。イギリス人の視点をひとつ入れて、当時のフランスに対する、まあ、批判というものを語った映画です。わたくしの中学高校時代は、西洋史の先生がフランス革命万々歳の先生でしたから（笑）、もうフランス革命といえば何でもいいというふうに思っておりましたけれども、どうもフランス革命にもいろいろ問題がある。正義のためといえ、どうして、あんなに次々と人を殺せるのか。これはずっと疑問に思っておりましたが、そのエリック・ロメールの映画は、じつにわたくしのそういう疑問に答えてくれるような優れた映画でした。

ところで、先ほど申し上げた「共和主義」幻想が危険なのは、国民の選んだ大統領なり首相なりが、あたかもかつての専制君主のように機能してしまうことがしばしばだったからです。現在、イギリスやベルギー、それに北欧諸国で維持されている「王政」を除くほとんどの国は、共和制の国家です。国家主席が強力な支配権を持っている中国だって、中華人民「共和国」を自称しています。ですから、天皇制を曖昧に維持している日本は、世界の国のなかではむしろ例外的な国家体制を保っているといえるかもしれません。ところが、その共和制なるものは、大統領やそれにあたる地位にいるものが、かつての絶対王権の時代の君主のように振る舞う場合が少なくありません。

共和制の元祖というべきフランスにおいてさえ、国民を解放したはずの革命家ナポレオンは、フランス大革命から十数年後に、議会の議決と国民投票によって、投票するのが男性ばかりで、しかもきわめて特権的な存在ばかりによる投票であったにせよ、それまで第一執政官、つまり現在の大統領にあたる身分から皇帝の座についてしまう。一部に反撥はあったものの、ほとんどの国民は英雄ナポレオンへの権力集中を支持していました。彼の数少ない政敵は、国内というより、国外にいました。スイスに住んでいたスタール夫人がそれで、わたくしの同僚だった工藤庸子さんが最近出版された『評伝　スタール夫人と近代ヨーロッパ』（東京大学出版会）によると、彼女のナポレオンへの批判や攻撃は凄まじいもので、多くの迫害を受けながらも反ナポレオンの姿勢を崩しませんでした。彼女は共和主義者としてナポレオンを批判するのではなく、むしろ穏健なイギリス風の自由主義思想によって、ナポレオンを批判しつづけました。実際、王政復古があり、共和主義革命があり、今度はナポレオンの甥のルイ＝ナポレオンが大統領選挙で当選し、その数年後にクー・デタを起こしてまたもや皇帝の座に就いてしまう。十九世紀のフランス共和国では、たえずそうした混乱が起きていましたから、「共和主義」幻想は本来あやういものだったのです。

わたくしは、ドナルド・トランプの当選は、七月革命後の大統領選で、誰もその当選を信じていなかったルイ・ナポレオンが勝ってしまったこととどこかで通じあっているような気がしてなりません。甥のルイ・ナポレオンはいわばナポレオン幻想によって選挙に勝ってしまったのですが、それに似た何らかの幻想が国民に広く拡がってゆき、トランプ氏を勝たせてしまったように思えてなりません。

そうした幻想こそ、「共和主義」幻想の行きつく果てのように思われ、大きな危機感を持っております。それは、よっぽどのことがないかぎり、いかなる課題があれ、間違っても「国民投票」などに訴えてはならぬという危機感となって、いまのわたくしを捉えております。イギリスのブレグジット（Brifain + exit = イギリスの欧州離脱）がそのよい例ではないでしょうか。国民投票で憲法改正を決めるといった一部の動きにも、それこそ悪しき「共和主義」幻想だという理由で、反対の立場に立っております。

アメリカ大統領の殺害をめぐって

蓮實　それで、先ほどのお話に戻りますと、ウォルシュが演じたリンカーン殺害がありますが、アメリカでは、大統領がかなり暗殺されているわけです。有名なものではまずリンカーンがあり、その後ケネディがあります。そのように、国家元首を殺してしまえるような社会というのは、殺さなければならないような社会情勢が存在したということです。もちろん、リンカーンを殺したことは悪いことである。事実、殺害したウィルクスは捕まります。ところが、後者は捕まりませんでしたよね。

瀬川　ケネディ。ええ、結局わからない。

蓮實　そう、わからないということなんです。アメリカで大統領が殺害されて、しかも真の犯人がわからない。そのようなことをずっと辿っていきますと、大統領制度って何だろうというふうに思うわけです。ところがアメリカ人はごく普通に、大統領をこれからも選ぼうとしていますし、トランプさんという人が、具体的にどういう人かよくわからないけれども、どこかで大衆操作がうまい人だってことはわかります。そうすると、何かどこかで『A Lion Is in The Streets』にもつながっているような気がする。ただし、トランプの場合、これは一時、いつ殺されるかなんていう話も出ておりましたが、結局殺されることはなく、いままで生き延びて、ことによったら再選されるかもしれない、と。こういうアメリカについてどう思われます？瀬川さんは。

瀬川　そうですねえ。……共和党や民主党などの今まで大統領政治の基幹になっている制度、要するに、基本的には、政党の代表が大統領になるということだったんですが、それが、トランプは必ずしも政党の代表者という立場ではなく、先ほどお話しされていた「共和主義」幻想のような形で、むしろ大部分の民衆が投票することによって選ばれてしまったわけです。

蓮實　だからほとんど共和党員とはいえないわけです。

瀬川　そうです。ですからある意味では、アメリカの政党に基づく大統領制度、つまりデモクラシー制度が、あまり有効でなくなっているということを示しているのかもしれません。日本でも、いまは自民党に代わる野党というのがちょっとできそうもないし、日本も政党政治というよりも、実際にはどういうふうになっているのかと思います。他の国も、イギリスのブレグジットなどを見るとまさに奇妙なことになっています。……そう考えると、デモクラシー制度が出てくる前、つまり十八世紀後半に、王家を倒して共和制をしいたフランスなどはしかし、改めて考える必要がある気がします。たとえば、あのフランス革命の時の何王妃でしたか、え

――……マリー・アントワネットね。あの王妃は日本では宝塚であれほど有名になっちゃったんですが、フランスではマリー・アントワネットをテーマにする映画とか、あるいはあの時代の……

蓮實　ヴェルサイユ宮殿ですか。

瀬川　ええ。たしかマリー・アントワネットを、スウェーデンの貴族か何かが助けようとするのがテーマになっているんでしょう、宝塚の劇は。ああいう宮殿での王妃の恋愛などを含め、フランス革命と共和主義が生まれるころの時代が面白く描かれたものはあるんですか、フランスの映画で。

蓮實　いやあ、あんまりないと思いますねえ。

瀬川　そういうものはないんですか。

蓮實　はい。まず、フランス映画はそんなにお金はありませんから、歴史的な絢爛豪華なものは撮れないわけです。それに比べて、アメリカのソフィア・コッポラなんかのほうがむしろ、お金を使って撮れてしまう、ヴェルサイユ宮を舞台にしてという点では。それでも大した映画ではありません。

新聞の行方

蓮實　わたくしが最近特にアメリカの場合に顕著だと思うのは、いわゆる「良質な」と呼ばれるジャーナリズムと大統領との対立という構図ですが、果たして本当にそうなんだろうかと疑問を持ちます。『ニューヨークタイムズ』にしても、あの『ファイナンシャルタイムズ』にしても、もうあんなものは大統領ではないといわんばかりの記事がずっと出ております。

瀬川　ええそうです。ところがその影響力がないわけでしょう。

蓮實　まったくというほどないわけです。

瀬川　国民に対して。

蓮實　はい。もともと、あの『ニューヨークタイムズ』というのはニューヨークの一部の知識人しか読んでおらず、全国紙ではありません。『ワシントンポスト』にしても、それぞれの新聞社の読者が限られている。だから全国紙などという幻想は日本にしかないんじゃないかと思います。アメリカには当然ありえないものなんで。

瀬川　『ニューヨークタイムズ』が何百万発行しているか知らないけれど、その何百万人しか影響力がないわけでね。それを読んでない者は全然わからないわけですから。

蓮實　わたくしの教え子のひとりが、シカゴから南部にご主人の就職の関係で移って、そこで『ニューヨークタイムズ』を取ると、三日か四日か、時によっては一週間後くらいに着くと。これ、ほとんど新聞の意味を持っていないわけです。だから、そういう形で、一部知識人たちを引き留めているだけのジャーナリズムというものが、もはやジャーナリズムとしては機能しておらず、同時に、政治批判としてもほとんど機能していないと思うんです。
瀬川　まったくそうですね。
蓮實　それは日本についても同じで、どれほど一部の新聞が安倍さんを批判しようと……。
瀬川　そう、いくら書いたってね。
蓮實　いちおう一定の支持があるということですが、それがどういう支持層かよくわかりません。ですから、そうしたこともあってわたくしどもが世界に向けるべき視線が、一世代前と変わってしまったと思いますね。一世代前ならば絶対にトランプは出てこない。
瀬川　うん、出てきませんね。
蓮實　ところがトランプが出てきたということ自体が、わたくしにはかなり強いインパクトを与えております。
瀬川　世界的にも、他の国々にも影響が出ています。
蓮實　ですから、トランプの悪口をいっていればすむというものではないと思います。
瀬川　そうです、現実を見なければいけない。
蓮實　しかし、それではどのような批判が成立するかというと、これも難しいわけです。たしかにひどい奴には違いないとは思いますけれども（笑）。もちろん、瀬川さんはなさらないと思いますが、ツイッターっていうのがあるわけです。ツイート、つまり、つぶやきというのが。それで、トランプが人々を引き留めているのはツイッターなんです。

瀬川　ああ、そうらしいですね。ツイッターがよく炎上するとか、それから、ツイッターが何十万アレしたとか。それだけ、ツイッターにみんな投書するわけですか。

蓮實　はい、そうです。わたくしには全然そういうことがわからないんですが……

瀬川　いや、わたしも見てないのでわからないんですが、とにかく、炎上という言葉が最近ね（笑）、使われるでしょう。アレも嫌な言葉だねえ、僕には。

蓮實　そもそも、その人が何かをいったということを完全に証明するものは、その人が実際にしゃべっているところか、あるいはその人の署名以外にないんです。大統領なら普通は署名します。ところがツイッターというものは、目に見える署名機能がない。誰かが書いているということですが、ホワイトハウスのなかにいるいないにかかわらず、誰が書こうといちおうはトランプの言葉になってしまう。ですから、ツイッターほど自己同一性の危ういものはないはずなんです。その程度の自己同一性、つまり本当にこの人が書いたということが明らかにならないものは信じないというのがわたくしの立場です。ところがみなさん、ドナルド・トランプのツイッターというものが、本当に彼が書いているかどうかなど気にせずに、もう書いてあることだけを捉まえてしまう。そこには、人間が言葉をしゃべる、ということに対する、無意識の侮蔑があるように思えてなりません。実際に誰が書いたかわからないわけでしょう、ツイッターというものは。

瀬川　誰かがその名前でツイッターに出しちゃえばね。

蓮實　はい。アカウントさえ持っていれば、本当に彼自身の言葉だという確証はない。

瀬川　まあ、おそらく、トランプが自分の部下に、こんな意味のことをツイッターに出せといっているんじゃないですか。

蓮實　いっているのかもしれませんし、自分で書くのかもしれませんし、要するにわからないわけです。

瀬川　だってそんなに時間はないでしょうから、大統領になったら。

蓮實　だから、誰が書いているのかわからないということを、そもそも出発点にしなければならず、こういうことをツイッターでトランプがつぶやいたということ、そのことをまともにとってはいけないと思うんです。

瀬川　なるほど。トランプは自分の考えをツイッターで主張しようとしているわけで、正式の会見でいっているわけではない。

蓮實　会見でいう場合は、明らかにその人がしゃべっているということがわかります。それから、書面の場合は、これも形式的ですけども、いちおうサインがあります。

瀬川　それはもちろんね。

蓮實　ところがツイッターにはそのサインに当たるものが何もない。ですからツイッターなどを信じるのは、やめようではないかといっているのですが（笑）。

瀬川　だけどみなさんそういう人たちのツイッターを見て、何か面白がっているんじゃないですか。

蓮實　ええ、結局。

テレビの行方

瀬川　ツイッターは、たとえばトランプのツイッターを見ようとしなければ出てこないんですか。

蓮實　ええそうです。トランプをまず探さなければいけない。ただしもうみなさんのところに登録してあれば、自然に見られる。

瀬川　ああ、なるほど。登録してあれば次々と登録者のツイッターが出てくるわけなんですか。

蓮實　わたくしはやったことがないのでわかりませんけれども、そうだと思います。

瀬川　でも登録する前に検索しなければいけないんでしょう。そうすると検索で振り回されるっていうことです。新聞なら毎日見ればいちおうそこに書いてあることは目に入るんだけど。それに登録だって、限定的なものでしょう。

蓮實　だからツイッター政治は、政治としては……まあ妥協としてそうせざるをえないというならわかりますけれども、率先してそうせざるをえないというのは、わたくしは理解に苦しむところです。

瀬川　わたしはこれからやってももう間に合わないから（笑）。

蓮實　ツイッターを出すほうだって反応を見るわけでしょうし、人々の反応によって何が知れるかということしか出さないわけです。だから本心とはまったく異なる見解かもしれない。まあ何が本心かというのはあると思うんですけど、そうしますと、一方で、正当な批判というものが成立する基盤がなくなってしまう。『ニューヨークタイムズ』がいくらトランプを批判しても、トランプがフェイクニュースだっていえばそれでおしまいなわけですから。で、『ニューヨークタイムズ』がせいぜい何百万部の人しか相手にしていないということを、どの程度本気で考えているか。ところが彼らはやはり世界の中心だと思っているわけですよ、『ニューヨークタイムズ』が。

瀬川　そうです。まあ非常に、コメンテーターが有力な人であればね、読む人はそれを信頼するわけなんですが、そもそもすべての人が読むことができないわけだから。ただそうなってくると、やっぱりテレビのほうは、とにかくみんながまだ見ますので、影響力があるのかどうか……。

蓮實　はたしてあるのかどうか。というのも、いまの若者はそもそもテレビ見ませんから。持ってない人のほうが多いんじゃないかな。

瀬川　ああそう。僕なんかは、まあ、テレビはね。

蓮實　見てしまいますけど、わたくしも。

瀬川　何となく点けておくんだけど。それでちゃんとしたコメンテーターが出てくるのは見るし、いちおうフジテレビとテレビ朝日じゃ、それぞれの主張が非常に違うから、その対比を見る面白さはあるんですけど、ただ大部分の現在のワイドショウというのは、お笑い出身者なんかが五、六人集まってしゃべっているでしょう。ああいう連中のいうことはほんとに何か、もう、ダサくて嫌なんだけど。時々、テレビ局のアナウンサーが説明をするほうがマシです。でも結局、ああしたお笑い出身のコメンテーターがどの局にも幅をきかせているみたいです。

蓮實　一度わたくしがフランスのホテルに泊まった時なんですが、たしかその時は映画生誕百周年記念で、パリのリヴォリ街に面する古めかしい超高級ホテルに招待されたんです。そして、そのホテルに招待された何人かの外国人と夕食をとって、さよならって別れてからわたくしの部屋に行くまでの廊下が何か蜘蛛の巣のようになっていて、やっと自分の部屋に辿りついて寝た途端、体が動かなくなってしまったんです。どうやら金縛りというものに遭ってしまって、ああ、わたくしはいま金縛りに遭ったという感じがして、しばらくまったく動けない。後で聞いたら、そのホテルは第二次世界大戦中のゲシュタポの本部で、フランス人の男女を殺したという（笑）。そんな霊にやられたかなあと後から思ったんですが、それがもう夜中の二時くらいだったと思います。誰か助けに来てくれというわけにもいきませんし、せいぜい音を出そうと、テレビを点け始めると、フランスの深夜テレビの下らなさっていうのは、日本と同じなんですね（笑）。それで、チャンネルをクルクル回していましたら、ひどい。ドイツもひどいし、一番ひどいのがイタリアでした。もう見るに堪えない（笑）。ですからテレビというものは至るところで劣化していると思います。テレビが何かに向かって向上するということはありえないわけです。大体もう、落ちるという傾向があります。深夜に見たあのイタリアテレビのくだらなさといったらありませんでした。でも、最近の若い人はテレビを持っていないし見ないから、結局これ、携帯電話なんです。電車のなかでも若者たちはみんなコレをやっていて、ましてや新聞など絶対に読みません。

瀬川　ねえ、最近もう新聞読んでいる人はほとんどいない、みんなもう携帯だもんね。

蓮實　テレビも見ない。ですから、メディア産業の未来というのはまずない。そしてテレビにもたぶん未来はないと思います。そうすると、結局コレ。

瀬川　それ以外ないという。

蓮實　だから、改めて、ものは読まなきゃいけないし、改めてものは書かなきゃいけない。そして改めて、書かれたものをどう読むかということを真剣に考えなきゃいけないと思います。ところが、新聞社というところの人たちは、自分たちは正義だと思っている。何か、自分たちに対する妙な買いかぶりがあります。

瀬川　それはあります。

蓮實　わたくしはもう、そんな正義感は必要ないという気がしておりまして。今後どうなるのか。まあ、今後どうなっても構わないというのがわたくしの（笑）、見解ですけども。ただし、腹が立つことはやはり非常に腹が立ちますねえ、生きていると。

天皇制の行方

蓮實　いま、もう至るところで、元号が変わることをあなたはどう思いますかって訊かれます。でも、元号が変わろうとわたくしには関係ありません。

瀬川　もう全部西暦にしちゃえばいいのにねえ。

蓮實　それで、さる新聞社からの依頼は断りました。もう興味がないと。どうせ何か新しいものが決まったって、それについて、安倍首相が何をいおうが、どうせ消えてくと思うんです、元号というものは。それで、いまの天皇は上皇ということになるんですか。

瀬川　そうですね。昭和天皇、それから平成天皇になるんですね。

蓮實　昭和という元号は、いちおう天皇家で改元しているわけです。ところが平成というのは政府が決めているわけです、政令ですから。

瀬川　はい、政令ですね。

蓮實　ですから天皇としては押し付けられているわけです。

瀬川　まあ、そうです、平成っていうのをね。

蓮實　いわば押し付けられたのですから、今上天皇（現・上皇）などご自分のことを考えられるのかなあっていうのが気がかりです。そして、今度もまた新しいものができたようでございますけれども。

瀬川　まあ、いわゆる国民の大部分が非常に庶民的な親しみをいまの天皇皇后に持っているということは、わたしは非常に、歓迎すべきことだと思うんです。わたしがいま一番、自分が個人的に危惧、反対しているのは、憲法改定をして、天皇を元首制にするという企みです。これが実現すると、非常に危険だと思います。

蓮實　でも、安倍首相は天皇を元首にしようとは考えてないと思いますが。

瀬川　でも、そういう主張を持っている組織が安部内閣の強力な支持母体です。

蓮實　天皇制を保持しておけば、自分が日本で一番偉いと思える。ところが、天皇をほんとに元首にしてしまったら？

瀬川　右翼系の指導者が、元首という天皇の名を借りて自分の好きなことができる。

蓮實　それだと、天皇と元首が乖離していますね。ですから、非常にそこらへんはいい加減だと思います、かりにそんな組織が何かを考えているとするなら。

瀬川　だけどわたしの戦争時代など考えると、東大の教授はいちおうみんな戦争に対する中立的な考えで、別に戦争を賛美するような者はいなかったんです。ところがあの「新しい歴史教科書をつくる会」の発足から、東大教授のなかにも戦争を賛美する輩が出てきたというのは本当にね……東大も権威がなくなったと思いますよねえ（笑）。ああいう教授がどうして出てくるのか。

蓮實　何といいますか、もともとそういう人はいたけれども、そんなに大声でいう人はいなかった。ところがいまは誰が何をいってもいいという風潮ですから。

瀬川　まあ、今上天皇（現・上皇）がとにかく、安倍やその某組織の考えに絶対反対で、何とか自分が象徴で現状を維持したいという、相当強い考えを持っておられるということをよく報道されていますけど。

蓮實　でも、自ら退位を宣言するというのは、あれはまぎれもなく憲法違反だと思います。それを平気でやってしまうという方はかなりのものですね。ところが誰もあまり問題にせず、納得してしまっている。

瀬川　それはだいぶん、その某組織なんかは問題にしたわけでしょう。

蓮實　そう、ただし、わたくしは彼らのリミットというものも見えているような気がいたします。現実と合わないじゃないですか。

瀬川　いや、でも、自民党のほとんどはそれに入っていると思う。

蓮實　というふうにいわれておりますけれども、ただし、その組織がどのようなことを考えているかというのは知らずに入っていると思われます。

瀬川　まあ、そうでしょうね。

蓮實　わたくし個人としては彼らの時代は終わりつつあると思っています。

瀬川　そうですか、そうなってくれればいいですけれども。だって、大変な組織でしょう、全国の神社やお寺がほとんどサポートしているらしい。

蓮實　彼らは空回りし始めていると思います、わたくしは。あるいは焦っている、と。

瀬川　僕は、実際その実体を知らないけど、でもちゃんとした団体で、もう組織があって、しょっちゅう会議しているらしい。

蓮實　日本の、つまり、天皇制がかろうじて残ったことが、いいことかどうか、わたくしにはわからないのですが、天皇制について語ることと、天皇の存在そのものがすでに乖離しているわけです、彼らにとっては。

瀬川　はい、そうですね。

蓮實　それを彼らがどのように思っているのか、天皇があんなことやりやがったと、本気で思っているのか。

瀬川　要するに、天皇があまり好きなことをやらないで、とにかく奥に入って、祈っているだけでいいと。天皇の影響というのがまったくゼロで、名目だけになるのが望ましいと、そう考えているんじゃないかと。

蓮實　ただし、もしそうだとすると、国家元首というものに対する理解はどうなりますか。国家元首というのはやはり、日本を代表するものですから、象徴ではなくなりますね。

瀬川　そう、大変なものですね。

蓮實　ですから、もし天皇が本当に国家元首になったとしたら、首相などというものはあってなきがごときものになってしまいます。それに対応するものは、アメリカでいえば大統領、フランスでいっても大統領ということになってしまいます。だからそこは、今の右翼系の人たちの陥りがちな誤りに彼らは陥るんだろう、というのがわたくしの考えです。天皇のやっていることを出過ぎたことだと思いながら天皇を元首にするっていうのはどういうことでしょうね。

瀬川　（笑）。いや、元首にして自分たちのやりたいことを元首の名で実現させるのが目的です。

蓮實　自分たちが何でもできる？

瀬川　こっちのほうが、いろいろなことを勝手にできるから、ちょっと天皇を黙らせることができるっていうことじゃないですか、おそらく。

蓮實　戦中派の瀬川さんがそういわれると、わたくしも思わず考えこんでしまいます。しかし、それがもし法律的に厳密な意味での国家元首ということになったら、天皇が一言、イカンといったらすべてがダメになっちゃう。

瀬川　そりゃそうですけど、戦前の現実を見れば昭和天皇はイカンというようなことは、ほとんどいえない雰囲気になっていたと思います。

蓮實　ああ、瀬川さんが危惧しておられることはよくわかります。ところがこのあいだ、ご自分の言葉でおっしゃっちゃった。あの憲法違反を堂々と、自分はやめるぞっていうことを口にされたら、その通りになってしまったということのほうが問題ではないでしょうか。

瀬川　……ところで、どう思われますか、第二次世界大戦が日本に有利な時に、中立的なところで手を打つことができたとしたらね。まあ、そんなことはおそらく、アメリカが絶対しなかったと思うけど、もしそうだったらとすると、要するに日本が主張した、全ての日本主義的な体制を維持するということが……もし存続しえたらね（笑）、日本の音楽や芸能っていうのはどういうことになっていたかと。

蓮實　ああそうか（笑）。その時代を、身をもって生きてこられた瀬川さんからそういわれると、思わず頷いてしまいます。

瀬川　ね。だから、完璧に負けたからこそ、また復活できたんだけど。

蓮實　そうだと思います。ですから、完全な自由など存在しないわけです。どこかで大きな拘束がかかっているので、その拘束を忘れて自分が完全な自由だなどと思ってはいけない。やはり、どこかに拘束があって、ということだと思います。

瀬川　そうです、ほんとにね。今も苦しんでいる人が、いるということをね。ですから、その意味じゃ、沖縄、長崎、広島の甚大な被害をうけた後に完全降伏したからこそ、いまのわれわれは、アメリカのジャズや何かをエンジョイできるんだということはよく承知しないといけない。

蓮實　だから、そのことの意味を改めて問いなおして見なければいけない。

瀬川　難しいことだね。

蓮實　そう、そのことを絶えず頭に置きながら、しかし一方でジャズを聴き、一方で映画を見なきゃいけない。

瀬川　そう、そういうこと。

蓮實　あの……現天皇は、やはりよくやったと思われます？

瀬川　わたしはそう思います。まあ、昭和天皇からもいろいろいわれたんじゃないですか。おそらく昭和天皇は自分が早く戦争をやめろといわなかったことに対して責任というか後悔をおそらく非常に持っておられたんだと思います。だけど、天皇が平服でマッカーサーのところへ行って人間宣言をしたことが、三島由紀夫を憤慨させた原因にもなっているんだから、そういう人たちが、あれだけいたということは、われわれが本当に忘れちゃいけない。というか、日本人はああいう、三島由紀夫みたいな考え方を持ちうる、可能性がある。つまりその可能性を持っているんだということをね……

蓮實　そう、いまでもその可能性があるということです。

瀬川　いま、蓮實さんがおっしゃったように、いまでも可能性があるということを忘れちゃいけない。ああいう人間が出たんだからね。

蓮實　何といいますか、先ほどから問題となっている組織の人々は、絶対に政治の具体像は描けない人たちだと思います。理想像のようなものは描ける。で、三島さんもどこかで理想像のほうに行っちゃった。

瀬川 そう、その通りです。

蓮實 そうすると、理想像ならばいくらでも彫琢できるし、きれいにできる。でも、やはり人間というのはどこかで汚いものや醜いものを持っているし、大きな限界を抱えているものですから……

瀬川 ええ、現実をね。

蓮實 そう、それをどこかで理想化してしまうことだけは、避けてほしいという気がいたします。たしかに現実は醜いものかもしれず、耐えがたいことだってあります。でも、現実を生きることは「憲法」などより遥かに貴重な体験であるはずです。その貴重さを保証するものとして憲法が存在しているのであり、その逆であってはなりません。

瀬川 それで、いわゆる何というんですか、輪廻ですか。輪廻っていうのは不思議でね。ああいう三島由紀夫や、あの一派に、何か根強く……

蓮實 取り憑いておりますよね。

瀬川 あるんです。あれは不思議な現象。

蓮實 ただ、輪廻をいいはじめたらもう世のなかは生きられないと思います、絶対に。

瀬川 ねえ(笑)。だけど、小説のなかにあれだけ出てくるんだから。

蓮實 やはりあれも理想化されたフィクションでしかなく、だから結局、自分の生命を絶つことしかできず、社会に参画することができない人たちだったんだなあとしか思えません。わたくしは、三島由紀夫の遺作となった『豊饒の海』が決して嫌いではありません。むしろ、よく書けた長編小説だとさえ思っております。第四編の『天人五衰』の最後で、「記憶もなければ何もないところへ、自分はきてしまった」という一文には、思わず感動に近いものさえ覚えます。しかし、「記憶もなければ何もないところ」というのは、あくまで錯覚、あるいは理想化されたフィクションであって、間違っても現実ではないと思っています。その後に第五巻が書かれ、その錯覚から覚めたところが描かれていなければ、散文のフィクションとしては不充分だと思います。また、五幕韻文のフランス古典悲劇が好きだった三島が、たった四巻でこの小説を終わらせようとしたことが不思議というか、残念でなりません。第五巻が書かれず、錯覚から覚めずにいるなら、いくらでも輪廻について語れるはずです。しかし、醜い現実から逃れるため、三島由紀夫は死に急いでいた。そうとしか思えません。わたくしたちは、かりにいかに醜いものであれ、この世界を否定することだけはしないでいるつもりです。

瀬川　だけど、よく切腹しましたね。ああいうことができるんだからすごいよねえ。

蓮實　やっぱり自分を追いつめていくと、一点突破みたいな形になりますね。

瀬川　ああ、そうね。

蓮實　その一点突破の形としてああいうことになったんだと思いますけれども、わたくしはそれを偉いといってはいけないと思っています。一点突破は妥協がない。しかし、真の偉大さは妥協することでしか達成できないものだと思っています。

瀬川　ええ、何ていうか、まあ、あれは狂気です。だから、当時の軍歌だってそうです。大君のために死ぬことを賛美した軍歌がいっぱいあるわけだから（笑）。

蓮實　「海行かば」ですよね。

瀬川　そうですよ。

蓮實　前にも申しましたが、軍歌はいくつか覚えておりまして、で、時々、ふと口に出ることがあるんです（笑）。何をやっているんだろうと思いますけれども。

瀬川　ね、「♫お～ぎみの」、ですけど。

蓮實　辺にこそ死なめ（笑）。

瀬川　辺にこそ死なめ、ね。

蓮實　かえりみはせじって。

瀬川　「♫かえ～りみはせじ」っていうのは、大君のために死ぬことは後悔しないと、実際にね。だから大君のために、死ぬ。大君なんていうのは実際実在しない存在なのにねえ。

蓮實　そうなんです。そもそも大伴家持が生きた奈良時代には「国民」などという概念も成立していませんし、ここでの「大君」など、明治時代に作られたものでしかないはずですから。

瀬川　まあそれは、別の意味でいえば、あれかなあ。国の原理みたいなものなのかもしれないけど、うん。

蓮實　いやあ、「大君の」なんていい出したら、もう、おしまいだと思います。だって、それは理想化されたフィクションにすぎず、この現実世界には存在しないんですもん、そんなものは（笑）。

V章　戦前の日本映画アンソロジー

瀬川氏の記憶を辿り、二回目の対談時に言及された、高級車が登場する戦前の日本映画が、『快速部隊』（一九四〇）であることが判明。映画とモダニティをめぐって戦前日本映画を見直すために、両氏それぞれが選んだ作品を互いに交換し、計十二作品についてＦＡＸによる書面対談が行われた。

小津のモダニズムと一九三〇年代京都ヌーヴェル・ヴァーグ

瀬川　戦前の日本映画には、当時の日本社会の生活文化や産業の近代化に伴うモダンな事象を映画のテーマにとり入れて巧妙に表現する作品が意外に多かったと思うんです。それはまた、欧米映画、特にアメリカ映画のモダンな生活様式に対するわれわれの憧れを代弁するものでもあったと思います。蓮實さんご専門の小津安二郎の初期のサイレント映画でもっとも有名な『非常線の女』（一九三三）などはその代表的作品だと思います。不良の与太者（岡譲二）と情婦（田中絹代）のかかわり合いは、アメリカのギャング映画を見ているようで、とてもハイカラです。フロリダボールルームのダンスが出たり、田中が肩のスリットを外して見せたり、また撮影手法が実に前衛的でモダンなのに感動します。しかも今回見せていただいた小津監督の『朗かに歩め』（一九三〇）は、何と昭和五年の作品なのに、ハリウッド的なのに驚きました。

『朗かに歩め』高田稔、川崎弘子、吉谷久雄、監督小津安二郎、1930年

昭和初期の日本のモダニズムがいっぱい詰まっている映画です。

蓮實　おっしゃる通り、小津安二郎監督をはじめ、この時期の若い映画作家たちのモダニズムは、アメリカへの憧れもありますが、とにかく、技法的にもハリウッド映画に対抗するのだという確かな意志が感じられます。しかし、日本映画のモダニズムは、まず、ハリウッド以外の場所からもたらされました。一九二〇年代には、ドイツ表現主義の作品やソ連のモンタージュ理論など、お手本はたくさんありましたし、初期の溝口健二や衣笠貞之助など、明らかにドイツ表現主義的な作品を撮っていました。さすがにエイゼンシュテインの作品は輸入されませんでしたが、二〇年代の後期には、エイゼンシュテインやプドフキンのモンタージュ理論は書物として日本にも紹介され、映画人たちに少なからぬ影響を与えていました。

ところが、一九三〇年代の中ごろになると、何かが変わってきます。『人情紙風船』（一九三七）を遺作として中国で戦病死した山中貞雄監督が、自分はこれからソ連のプドフキンではなくハリウッドのマムーリアンを相手にするのだといいきっていたからです。ゲイリー・クーパー主演の活劇『市街（City Streets）』などを撮ったマムーリアン監督（この人はロシア〔現ジョージア〕出身の舞台演出家で、トーキーになってからハリウッドに招聘されました）を模範にしたいと宣言したのです。つまり、自分が相手とすべきはヨーロッパの前衛映画ではなく、ハリウッド映画だとはっきりいいきったのであり、これは、日本の映画史でかなり重要な発言なのですが、これまであまり注目されていませんでした。実際、山中は、『河内山宗俊』（一九三六）を、原作は河竹黙阿弥の歌舞伎だというのに、実際にはジョン・フォード監督の『三悪人（3 Bad Men）』（一九二六）をモデルとして撮っていたのです。フォードの作品にならって、薄幸の少女（原節子）を前進座系の名優たちがこぞって助け、犠牲となって死んでいくという話にしてしまったのです。

こうして、日本映画とハリウッドとの関係が改めて親密なものになっていく。それを、わたくしは、試みに「一九三〇年代京都ヌーヴェル・ヴァーグ」と呼んで、フランスの「ヌーヴェル・ヴァーグ」の意図されざる模倣だという立場に立っています。実際、この時期の京都では、大震災によって関西に移り住んだ溝口健二が、この時期の代表作ともいうべき『浪華悲歌』や『祇園の姉妹』のような傑作を二本も京都で撮っております。もちろん、溝口は、その長回し、いわゆるワンシーン・ワンショットによって、ハリウッド的な手法に反旗を翻しております。しかし、『浪華悲歌』では大阪のできたばっかりの地下鉄、『祇園の姉妹』では、ことによったらセットかもしれませんが、深夜のタクシーなどといった乗り物を画面に導入し、その運動感の生々しさをフィルムに定着させているのです。

この時期の日本映画のハリウッドとの親密さは、ほぼ三つの面で語られるものです。まず、題材や装置や小道具がハリウッド的なモダンさを帯びてくる。とりわけ、最新の自動車の登場ぶりが、観客の目を引きます。瀬川さんが触れておられた小津の『朗かに歩め』は、まず、当時では最新のものだったであろう外車のオープンカーが登場して、見る者を驚かせます。当時はキャメラマンの助手で、のちに小津専属のキャメラマンとなる厚田雄春さんの証言（厚田雄春・蓮實重彥『小津安二郎物語』、筑摩書房、一九八九年）ですが、小津さんが輸入会社のヤナセと交渉して借りられたものだとのことです。なお、厚田さんという方は、絶対に「カメラ」とはいわず、「キャメラ」といっておられました。そのあたりにも、モダニズムが感じとれると思います。

瀬川　『朗かに歩め』は、オープニングが横浜港の大型船をバックに、不良のふたり（高田稔と吉谷久雄）が展開する財布スリ事件です。不良女性（伊達里子）を含むグループのビリヤードやゴルフ遊びや外車オープンカーを乗り回す連中と清純な女性姉妹（川崎弘子と松園延子）との出会いにはじまり、高田が川崎に惚れてまともな仕事を目指してビル掃除を仕事にし、相棒の吉谷が高級外車運転手業になるなど、場面のスピーディな進展はまさにハリウッド映画的です。そして、ラストに高田が不良仲間から悪事加担を迫られるところになると、画面を見ていて「やっぱりまたもとの不良に戻るんじゃないか」とハラハラさせられました。小津さんの演出のうまさです。幸い悪党を討ちのめして悪党が検挙された後、高田のもとにも警察の手が及んだ時、川崎が「長いお風呂に入ったつもりで行ってらっしゃい。元気でね」といって送り出すフィナーレの名台詞に思わず嬉しくなりました。『非常線の女』でもラストに、田中絹代が岡譲二に「最初からもう一度やり直そうよ」といって自首を勧め、ふたりが警官に逮捕されるのと似ていますね。ストーリーがアメリカのギャング映画的でモダンな生活文化を享楽していながら、結論はわれわれ日本人がホッとするような、情緒を醸し出す小津さんの若い人生観に感動しました。

蓮實　瀬川さんが、われわれ日本人がホッとするような結末といわれたことがきわめて重要です。たんなるアメリカ映画の物真似ではなく、アメリカ映画を相手取って優れた作品を撮られた小津監督も、決定的なところでは日本の風俗を挿入しているからです。たとえば、丸の内のビル街の夜景から始まる『その夜の妻』（一九三〇）の場合、娘の医療費が払えなくて強盗をはたらいた岡田時彦がタクシーを拾って自宅に帰るまでは、夜の無人のビル街の光景など、ハリウッド映画そっくりです。しかし、自宅に戻ると、そこは郊外のしがない日本家屋なのです。じつはタクシーの運転手（山本冬郷）は刑事で、岡田時彦の素性を見破っており、病身の娘が横たわっている病床にまで押し入ってくる。それに対して、夫をかくまう和服姿の妻（八雲恵美子）が刑事から拳銃を奪い、二丁拳銃で威嚇するところなど、当時としては考えられないほどの和洋折衷の魅力があふれており、衣裳と銃器とのアンバランスからして、素晴らしい場面です。ところが結局は朝になり、強盗をはたらいた夫は観念するのですが、その朝を象徴するものとして、牛乳配達が置いていった牛乳瓶が自宅の塀に置かれるショットが挿入される。そこに日本ならではの風俗が描かれ、ああ、これは東京の夜明けなんだなあと思わせる効果として抜群です。

それからもうひとつ、小津の近代性というかモダニズムは、向かいあうふたりの人間を撮る時、ハリウッドには百八十度の原則というものがあり、たがいに見つめ合う直線上に向き合ったふたりをひとりずつ撮る時、それぞれの顔を直線に対していずれも同じ側から斜めに撮るというのが伝統でした。それに逆らい、小津はふたりをほとんど同じ方向にすなわち真正面と思われがちな方向を向かせて撮っています。これなど、アメリカ映画的に見えて、手法はまったく異なっていることの例として挙げられましょう。ところで、モダニズムの典型として『朗かに歩め』には外国の高級車が出てきましたが、国産車の製造をテーマにした作品が日本でも作られていましたね。

高級車と職業婦人の描き方、あるいは伏水修という監督

瀬川　昭和十五年に封切られた東宝『快速部隊』（一九四〇）です。国産自動車製造会社の新社長（佐伯秀男）を通じて、日本が欧米の最新の産業技術や生活文化の近代的レベルに追いつく努力を傾注した実相がモダンに描かれていると思います。佐伯が乗り回すのが、おそらく当時の日産かトヨタの最新型セダンと思われますが、いま見てもモダンなスタイルです。社長の出入りする社屋や工場が大規模で近代的なのにも感心します。脚本（山崎謙太・葉山四郎）監督（安達伸生）もハイカラ精神にあふれ、佐伯の亡き父が決めた許嫁（江波和子）に最新のモダン洋装をさせ、白木屋デパートの衣裳部を見せたりしますね。タイピストや秘書のいる社長

『快速部隊』佐伯秀男、霧立のぼる、監督安達伸生、
1940年

室なども戦前と思えぬほど近代的です。江波が佐伯の同意を得られず恨みがましく去っていく時の屈折した表情の美しさも傑作です。佐伯と結ばれる霧立のぼるも好感が持てますね。音楽（津田茂）も気が利いており、日本劇場のダンス・ショウと女性のオーケストラが出演する場面が見られます。ただし、最後は佐伯に召集令状が来て、映画後半は「戦線編」となって、中国大陸での自動車部隊（トラックを含む）の戦闘が描かれる戦意高揚映画になっています。

蓮實　安達伸生監督のこの作品は、「都会篇」と「戦線篇」の二部からなる大作ですが、とりわけ、「都会篇」に描かれた家庭の室内の豪華さもかなりのものですが、当時の銀座や有楽町でのロケーションもきわだっていますね。

瀬川　『快速部隊』の「都会篇」の東京の街のロケーション撮影に、当時のガソリンスタンドのシーンもありました。そこで働く、車のデザイナーを密かに夢見る女性を霧立のぼるが演じて、職業意識を持つ女性の潑剌とした姿も素晴らしいと思いました。戦前には、近代社会における女性の職業婦人としての実態とその哀歓を、ファッショナブルな生活を通じて描いた作品が意外に多く面白いと思います。

その嚆矢ともいえるのが、昭和十二年の東宝映画、伏水修監督による『白薔薇は咲けど』（一九三七）ではないでしょうか。入江たか子が抜群のスタイルと洋装で洋装店の「お針子」を演じます。仕立部にずらりと並んでミシンを踏むたくさんの女性たちの表情も見ものですね。入江が休日に街に出て偶然出会った青年（佐伯秀男）と親しくなる経過などは、現代と変わり

『白薔薇は咲けど』入江たか子、監督伏水修、1937年

ありません。偶然の出会いからその日の宵にはダンスまでした彼から、翌日「気のすすまぬ女性と結婚する」と別れの花束を贈られた時の彼女の失望。その日、自らデザインして縫製したウェディングドレスのファッションショウに出ると、彼と許嫁（堤眞砂子）が来ていて、そのウェディングドレスを気に入った許嫁によって注文されるという結末が皮肉ですね。入江の寂しげな表情の美しさは格別でした。

蓮實　伏水修という優れた監督は、結核で三十二歳の若さで亡くなられた惜しい方でしたね。

瀬川　伏水修という監督は近代的な女性を描くのが上手だったと思うんですが、昭和十四年の、やはり東宝映画『東京の女性』（一九三九）では、まだ十九歳の原節子を自動車のセールスウーマンに仕立てて、その美しさとモダニティを両立させています。丹羽文雄原作だけあって、ドラマ的変化も豊富で、同僚の男性セールスマンに伍してモダンな洋装と格好良い帽子で成績を上げていきます。しかし恋人だった先輩（立松晃《たてまつあきら》）が妹の江波和子のやさしさにひかれて結婚してしまいますね。ラスト、ひとりオープンカーに乗って新婚夫婦の乗った汽車を見送る彼女の、寂しげななかに毅然とした表情の美しさも格別でした。

　その場でバックに流れるタンゴ調のメロディは、伏水と親しい音楽家服部良一の作曲した「夜のプラットホーム」という流行歌です。この曲は、当時淡谷のり子の歌うレコードが出たのですが、恋人の男性（軍人）が汽車で去っていくのを見送る、という歌詞が軟弱だと発売禁止になった因縁付きの音楽で、服部良一は映画に使用して鬱憤を晴らしたと自伝のなかで語っています。

服部良一はこの映画で初めて組んだ伏水と意気投合し、得意のジャズを盛んに使用していま す。このあと『支那の夜』(一九四〇)で副主題歌として「蘇州夜曲」を作曲して伏水に喜ばれたといっています。伏水監督の『青春の気流』(一九四二)の音楽も担当しましたが、伏水は病弱のため昭和十七年(一九四二)七月九日に死去してしまい、砧の撮影所であったその告別式に、服部は伏水の好きだった「蘇州夜曲」を演奏して弔ったそうです。

蓮實 歌詞が軟弱だ、発売禁止、ですか……。やはり、そういう時代だったのですね。それにしては、服部良一はよく頑張ってジャズ的なリズムをさまざまなショットに入れていましたね。ところで、伏水修監督は、『東京の女性』では、まだ未成年だったはずの原節子に煙草を吸わせています。一度は座ったまま、二度目は歩きながら。これには驚きました。伏水修はかえすがえすも早世が惜しまれる監督でした。

ところで、無声映画時代のハリウッドで、グリフィス監督は『ニューヨークの帽子(The New York Hat)』(一九一二)という中編をメアリー・ピックフォード主演で撮っています。これは、さる田舎の娘が、モード店のショーウィンドウでニューヨークで流行していた帽子を見つけてそれに憧れるというごく単純な物語なのですが、そのとき以来、映画では婦人帽が都会性の象徴となったのです。それが、一九三〇年代の日本映画、とりわけ東宝の作品で最先端のモードとしてしばしば使われることになります。『白薔薇は咲けど』の入江たか子も最先端の

『東京の女性』原節子、監督伏水修、1939年

帽子をかぶっていましたし、『東京の女性』の原節子もしかり。しかも、伏水監督はロケーション場面の挿入がとてもうまく、そこに流れる音楽も気が利いています。

瀬川　職業婦人としての社会生活の実態を描いた昭和十三年の東宝映画『街に出たお嬢さん』（一九三八）は、大谷俊夫（おおたにとしお）（監督）が、面白いアングルから独身女性のアパート生活を眺めています。何不自由ない金持ちの娘（霧立のぼる）が職業婦人として独立した生活を送りたいと家を出て、アパートの一室を借りて過ごす毎日のアパート隣人たちとのやりとりを描いていますが、不良じみた男性・女性が出入りしていろいろの事件を起こしますね。ダンサーをしている隣室女性（堤眞砂子）が、弟の抱えた五百円の借金を返済するため上海のダンスホールに身売りする話とか、アパート住人の宝石が紛失して霧立のぼるが疑われて警察からの呼び出しが来るなどの事件が起きて、結局ひとり暮らしが嫌になって自宅に戻ります。うちでは父母兄妹が一緒に楽しく食事をしているところへ喜んで迎え入れられ、いささか安直な結末に思えますが、映画としてはどんな意図があったのでしょうか。お手伝いが「ねえや」と呼ばれ家族の夕食会に同席する風景や「主人より女性が先に風呂に入ってはいけない」という台詞など印象に残ります。

蓮實　『街に出たお嬢さん』の題材はかなり面白いと思いました。アパートの若い女性の部屋に男どもが平気で押しかけてくるところなど、むしろ驚きでした。ところで、冒頭で霧立のぼるが日記を書く場面がありますが、そこにすでに「職業婦人」という言葉が出ていましたから、

主題は明白です。当時省線といった国鉄や郊外電車の光景もみごとに扱われています。ただ、演出が下手というか、あまりモダンではありません。ひとつの挿話が終わると、溶暗溶明で次の場面が始まるという、あまり気の利いた演出ではないからです。これが伏水修なら、それを絶妙なショットつなぎで話を区切らずに次のショットにつなげています。たとえば、『白薔薇は咲けど』で入江たか子がソファーに座る時、腰を落とそうとする瞬間にショットを切り換え、次のショットではすでに座ったところを見せる。すると、まるで一つながりの動作のような効果が編集によって得られる。これは、グリフィス以来のハリウッドの伝統的な「カッティング・オン・アクション」という手法で、画面連鎖にリズムが出て、モダンな感じになるのです。それから、伏水修は階段を撮るのがうまい。『東京の女性』のオフィスの階段も、女性たちのハイヒールを見せたりして、じつに巧みに撮っています。また、『白薔薇は咲けど』のウェディングドレスのファッションショウの場面の階段も効果抜群でした。

瀬川　職業婦人といえば、小津監督の松竹蒲田映画、昭和八年の『東京の女』（一九三三）が岡田嘉子の主演で、ちょうど彼女のソ連への逃避行事件の直前という意味とも重なりますね。彼女は弟（江川宇礼雄）の大学を出すためにタイピストとして働いているのですが、江川の恋人（田中絹代）の兄が警官で岡田の務める会社に素性を調べに来ます。そこで岡田が夜は酒場で働いていることと、ある大学教授の仕事を手伝っているという情報が出て、それを田中が江川に話してしまう。江川が愕然として姉をなじり、強く叩いて外出して自殺してしまいます。

それを知った岡田が、どうして姉さんのことをわかってもらえないのか、このくらいのことで死ぬなんて！　と嘆きます。田中も「良ちゃんの弱虫!!」と嘆くラストシーンが重いですね。大学教授の仕事を手伝うという噂を脚本に入れたのは、小津さんが岡田の左派シンパのことを知っていて、意識的に入れたのでしょうか。いままでの小津作品の評価ではどうなっているのでしょうか。

蓮實　小津安二郎監督は、『非常線の女』を撮る直前に、岡田嘉子主演の作品を二本立て続けに撮っています。ひとつは、プリントが失われて見ることができない『また逢ふ日まで』（一九三二）と『東京の女』がそれにあたります。小津監督が、岡田嘉子の密かな政治的な意図をどう捉えていたかは、正確なところはわかりません。ところが、この二本には共通性がありまず。女がコールガールまでして、男に尽くすという共通点です。『また逢ふ日まで』の場合は、もとの題名が『娼婦と兵隊』だったように、文字通りコールガールと出征兵士の話で、兵士となるのは良家の子弟なのです。小津のキャメラマンだった厚田さんは、その二本の作品について、「ちょっとうるさいかもしれない、前衛みたいに怪しまれはしないか」という話があったということを記憶しておられます。「怪しまれはしないか」というのは、内務省の検閲官にという意味です。とりわけ、『また逢ふ日まで』は、出征を控えた華族の子弟があやしげな女のところに転がりこんで別れを惜しむというもので、「その裏には反戦の気持ちがあるのではないか」と検閲官に睨まれそうだったと述べておられます。『東京の女』もまた、コールガール

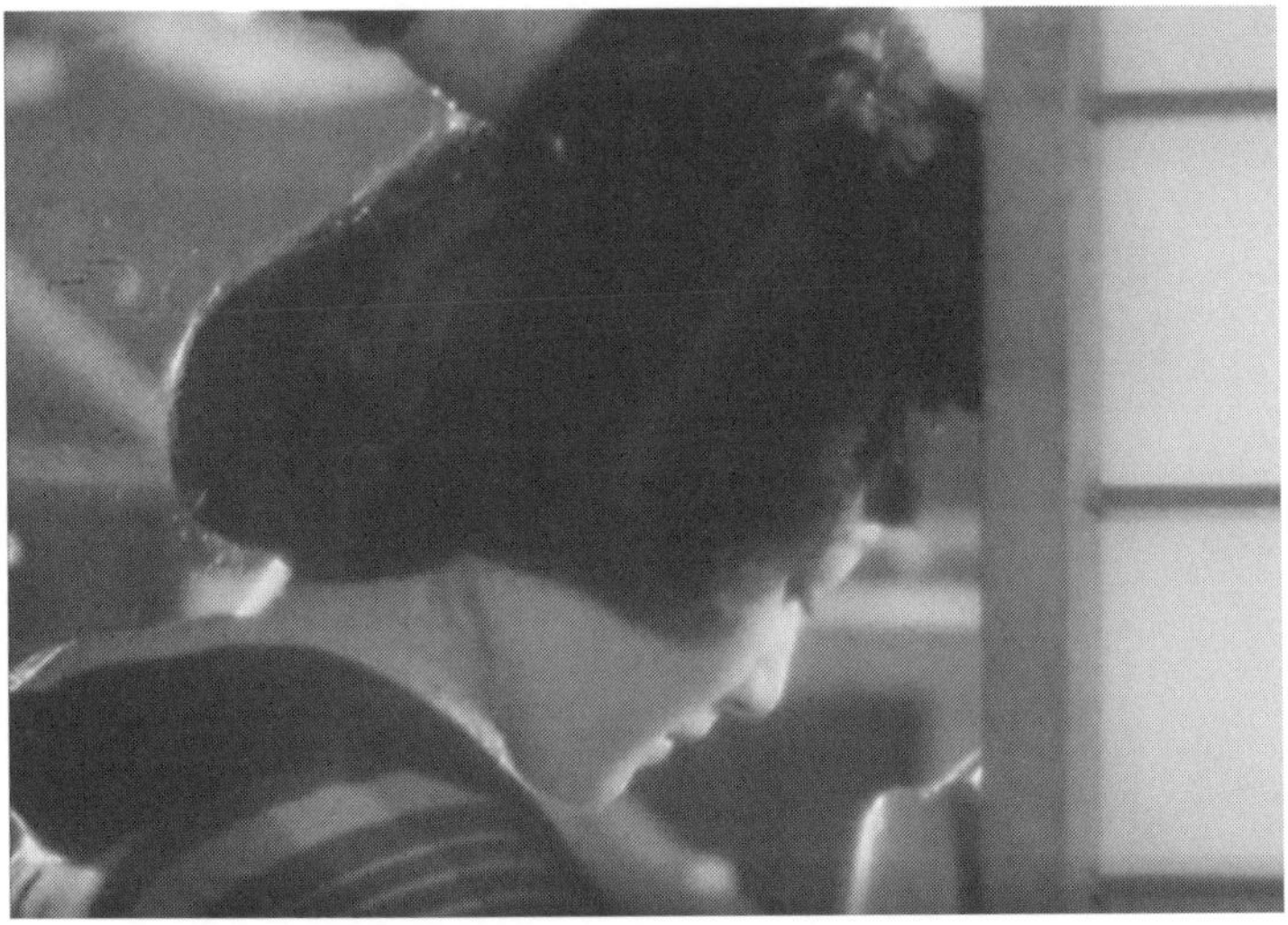

『河内山宗俊』原節子、監督山中貞雄、1936年

までして弟の学費をかせぐという題材は「少し『赤』がかっていたのかもしれません」と厚田さんも回想しておられますから、小津監督としても、岡田嘉子の演じる役柄に、しかるべき政治的な色彩をこめようとしておられたと想像することができます。しかし、この二作は、脚本も実際の作品も検閲を通って公開されたのですから、小津さんもぎりぎりの妥協をされて作品を仕上げられたと解釈することも可能です。おっしゃる通り、岡田嘉子は、『東京の女』の直後に、ソ連へと足を踏みいれることになります。それに小津監督が気づいていたかどうかは、非常に、微妙な問題ですね。

新たな日本映画史へ向けて

瀬川　今回、蓮實さんから見せていただいた映画のなかに、女優原節子の出演する映画が四本あります。古くは昭和十一年、デビュー当時の十六歳の若さで出演した『生命の冠』（内田吐夢監督、日活、一九三六）と『河内山宗俊』（山中貞雄監督、日活、一九三六）から、昭和十四年の『東京の女性』（伏水修監督、東宝、一九三九）、そして戦後の昭和二十三年の『颱風圏の女』（大庭秀雄監督、松竹、一九四八）まで、これらの作品を見ると原節子はそれぞれまったく異なる種類の女性像を演じて、しかも異なる美しさを表現していますね。

『生命の冠』は、山本有三の原作によるカニ工船の運航と工場の運営について、岡譲二と井染四郎、そして原節子の兄妹と岡の妻の滝花久子の一家が経営に苦労する話で、原は地味な着物を着た娘で目立つ大きな役は演じていません。同年の『河内山宗俊』も作品としては歌舞伎の古典劇を映画化という重要な意味があるのでしょうが、原はそれほど重要な役柄ではないですね。

一九三九年の『東京の女性』に至ると、まだ十九歳の原が意識的な職業女性として男性に負けまいとする自動車のセールスウーマンを堂々と演じ、戦前としては最新流行の帽子と洋服がぴったりと似合うファッショナブルな美人になっています。おそらく戦前の数多い女優のなかでももっとも近代的で洋装の似合うインテリ女優のひとりだったと思います。たしか日独合作映画として製作された『新しき土』も原を主役にしたもので、私は現在ほとんど覚えていないのですが、戦中にかけてもたくさんの映画に出ていると思います。戦後も終戦時の一九四五年に二十五歳ですから、一流女優として多くの作品で大活躍したわけですが、昭和二十三年（一九四八）の『颱風圏の女』は、彼女の役柄を含め、大変異色だと思います。原が悪役の男たちとガソリン船を奪い、嵐のために流れ着いた島で、気象観測隊の連中を威して同居する間のいろいろな出来事が描かれますが、原が観測隊の通信士の男（宇佐美淳）に惚れて服装を替えたり、最後に彼をかばってピストルで撃たれたりするまでのすさまじい演技にはゾッとするような妖艶さを感じました。一般には上品な美人女優と思われているであろう原節子として、『東京の女性』と『颱風圏の女』の二作は、異色的傑作と思いました。

蓮實　原節子の作品を何本か見ていただいたのは、『東京の女性』の十九歳の彼女の堂々たる

『颱風圏の女』原節子、監督大庭秀雄、1948年

演技振りに驚き、その芸域の広さを改めて認識していただきたかったからで、これという意図があったわけではありません。『颱風圏の女』の乱れきった女の魅力は、それが小津の『晩春』(一九四九)でお淑やかな女性を演じる直前の作品なので、ぜひ見ていただきたかったものです。スターなるもの、題材次第ではどんな汚れ役でもやってみせるという決意のようなものに打たれたからです。おっしゃる通り、彼女は日独合作の『新しき土』にも出ておりますが、残念ながらこれは大した作品ではありません。それから、ご覧に入れた『生命の冠』は不完全版だと思います。『河内山宗俊』の場合は、前にも述べましたように、これは歌舞伎というより、むしろジョン・フォードの『三悪人』をモデルとしており、確かに原節子の出演場面は限られておりますが、大人の悪漢どもが、このいたいけな少女を守るという、むしろ西部劇的な雰囲気を見ていただきたかったのです。ところで、『河内山宗俊』は太秦で撮られているので東宝の作品ではありませんが、この時期の東宝作品には富裕層の生活を、皮肉をこめて描いた作品がかなりあります。その生活様式のモダンさが、庶民を観客層として想定している松竹との違いですね。たとえば、渡辺邦男の『裸の教科書』(一九三九)など、金持ちの家族が住んでいる家屋の建築も豪華だし、ごく短いゴルフのシーンでは、伊豆の川奈ホテルまでロケーションをしている。

瀬川 昭和十四年の東宝映画『裸の教科書』は、渡辺邦男がシナリオ・監督した作品ですが、金持ちの息子(佐伯秀男)に生まれて一流の大学を出ながら職に就かなかった男が、一念発起して社会に出て働くことを目指して苦労を重ねるという面白いテーマです。結局、同じ金持ち一家のドラ息子兄妹を教える家庭教師になり、厳しく鍛える過程で、当時の有閑階級のマダムたちのパーティのざあます言葉や、金持ちたちのゴルフなどがコミカル且つ皮肉たっぷりに描かれます。彼の妹を江波和子が演じ、霧立のぼるが彼と結ばれる役でふたりともにモダンな女性像といえるでしょうか。

蓮實　早撮りの技術に恵まれていたという渡辺監督のこの作品で、大富豪の持ち家の室内装飾の豪華さにびっくりしました。室内にはギリシャ神殿のような大理石の柱までそそり立っている。そこで、美術監督は誰かと調べてみたところ、中古智さんだったので、びっくりしました。この方は、戦後は成瀬巳喜男監督に重用され、成瀬作品のほとんどの装置を担当された優れた美術監督で、ヨーロッパやアメリカの映画をたくさん見ておられ、世界の映画美術に通じておられる方でした。ですから、佐伯秀男を家庭教師に雇う大富豪の室内設計で、こんなに大胆な冒険をしておられたのでしょう。撮影監督の三村明も一級品で、この映画は、装置によるモダニズムの典型だといえるかもしれません。

瀬川　『裸の教科書』はみごとな舞台装置でしたが、成瀬巳喜男監督の美術の方だったとは知りませんでした。渡辺邦男監督の音楽映画も素晴らしいものがあり、東宝映画『忘られぬ瞳』（一九三九）は、岸井明と小杉義男が社長夫人（清川虹子）の怒りにふれ、首になるも紆余曲折の末復職するまでのドタバタ喜劇で、神田千鶴子、由利あけみ、若原春江らの歌に十数人の女性バンドが各楽器のソロを吹く情景が見ものです。

蓮實　この時期の東宝作品には、ほとんどの場合は端役ですが、『東京の女性』でもバーの女給を演じている星ヘルタというエキゾチックな容貌の女優が出ていますね。『忘られぬ瞳』では、女性バンドで楽器を演奏していたと思うのですが、彼女はスイス系と聞きました。こうした外国人めいた容貌の女優もまた、作品にある種のモダニズムを導入していると思います。松竹にも井上雪子というオランダ系の美しい女優がおり、こちらは小津監督の『美人哀愁』（一九三一）に主演したりしています。

瀬川　女優の井上雪子は、昭和六年（一九三一）に撮られた日本初の本格的なトーキー映画『マダムと女房』にも出ていましたね。劇作家が隣家のジャズの演奏がうるさいと文句をいいに行き、そこで洋装のマダムに気を良くして、結局、自分もジャズのメロディを口ずさむ話です。戦前昭和十年代になると、さらにアメリカのジャズやダンスが、アメリカ映画や宝塚、日劇のショウを通じて日本に大量流入し、日本映画にも音楽アーティストを主役とする音楽映画やコメディ映画が多く製作され、特に昭和十四〜五年（一九三九〜四〇）に優れた作品が多かったので、今回はそのいくつかをご紹介しました。『忘られぬ瞳』をはじめ、一九三九年の東宝製作です。

『君を呼ぶ歌』（一九三九）は『白薔薇は咲けど』と同じ、伏水修監督の作品で、クラシックの山田耕筰指揮管弦楽団演奏と井上園子のピアノ、歌手の奥田良三、藤山一郎、渡辺はま子、

『君を呼ぶ歌』月田一郎、椿澄枝、北沢彪、監督伏水修、
1939年

由利あけみ、タンゴ演奏で人気のある桜井潔とその楽団に加え、川田義雄（晴久）とミルクブラザースという当時抜群の人気の「ジャズ漫才グループ」が芸を披露しています。

川田義雄は先に「あきれたぼういず」という四人組グループを作って「浪曲ダイナ」を大ヒットさせた芸人で、落語や浪花節、民謡などの伝統芸を最新のジャズ歌唱にアレンジしたのが大受けしました。彼らはそのネタをすべてアメリカの音楽映画から採り入れたといっています。川田義雄はミルクブラザースを率いて『東京ブルース』（一九三九）にも出演しています。菊田一夫の原作を斎藤寅次郎が監督したコメディで、川田義雄は医者の息子に扮して得意のジャズ浪曲をたくさん披露しています。モダン志向の若者はほとんど聴かなかった浪曲は、当時、庶民の間では依然と盛んでした。川田がジャズ化した浪花節の柔軟で多様なモダニズムを愛好したものです。いずれも、戦前日本の芸能のモダニティを実証する貴重な映画だと思います。

蓮實　わたくしは小津安二郎を研究しておりましたので、小津の同世代の松竹の監督たちの作品はよく見ているつもりでしたが、東宝作品は比較的に軽視しておりました。ところが、瀬川さんが出征前に見られたのが『闘魚』だと知り、これを見たところ、主演の里見藍子の堂々とした存在感に打たれました。スタイルも抜群だし、洋装の着付けも堂に入っている。ハイヒールで闊歩する銀座周辺のロケーションも申し分ない。監督の島津保次郎はもともと松竹の出身だし、松竹時代の『春琴抄　お琴と佐助』などは見ておりましたが、『闘魚』は未見でした。そして、この時期の東宝作品のモダニティに驚かされました。そのモダニティは、まず女性たち

『東京ブルース』終盤の馬車シーン、監督斎藤寅次郎、
1939年

『忘られぬ瞳』岸井明、監督渡辺邦男、1939年

の職業や衣裳に表れます。ここでの里見藍子も職業婦人ですが、それが、『東京の女性』の原節子の役にもみごとに受けつがれていました。監督、伏水修の演出そのものがモダンなので驚いた次第です。また、伏水の『君を呼ぶ歌』は音楽映画として、クライマックスのもってゆき方も手慣れたもので、感服しました。早撮りで知られる渡辺邦男の『忘られぬ瞳』は、貧乏長屋時代の岸井明を見ながらどうなることかと心配しましたが、岸井明が港で歌い始め、女性歌手の家に入って行くあたりから引きこまれ、コンサートの演奏や客席で岸井明が涙目になるシーンは、さすがだと感服した次第。東宝映画は、モダンな音楽やクラシックをポピュラーに聴かせるという啓蒙性もあったのかもしれません。新たな日本映画史が書かれねばなるまいと思った次第です。

『東京ブルース』終盤の馬車シーン、監督斎藤寅次郎、1939年

由利あけみ、タンゴ演奏で人気のある桜井潔（さくらいきよし）とその楽団に加え、川田義雄（かわだよしお）（晴久）とミルクブラザースという当時抜群の人気の「ジャズ漫才グループ」が芸を披露しています。

川田義雄は先に「あきれたぼういず」という四人組グループを作って「浪曲ダイナ」を大ヒットさせた芸人で、落語や浪花節、民謡などの伝統芸を最新のジャズ歌唱にアレンジしたのが大受けしました。彼らはそのネタをすべてアメリカの音楽映画から採り入れたといっています。川田義雄はミルクブラザースを率いて『東京ブルース』（一九三九）にも出演しています。菊田一夫（きくたかずお）の原作を斎藤寅次郎が監督したコメディで、川田義雄は医者の息子に扮して得意のジャズ浪曲をたくさん披露しています。モダン志向の若者はほとんど聴かなかった浪曲は、当時、庶民の間では依然と盛んでした。川田がジャズ化した浪花節の柔軟で多様なモダニズムを愛好したものです。いずれも、戦前日本の芸能のモダニティを実証する貴重な映画だと思います。

蓮實　わたくしは小津安二郎を研究しておりましたので、小津の同世代の松竹の監督たちの作品はよく見ているつもりでしたが、東宝作品は比較的に軽視しておりました。ところが、瀬川さんが出征前に見られたのが『闘魚』だと知り、これを見たところ、主演の里見藍子の堂々とした存在感に打たれました。スタイルも抜群だし、洋装の着付けも堂に入っている。ハイヒールで闊歩する銀座周辺のロケーションも申し分ない。監督の島津保次郎はもともと松竹の出身だし、松竹時代の『春琴抄　お琴と佐助』などは見ておりましたが、『闘魚』は未見でした。そして、この時期の東宝作品のモダニティに驚かされました。そのモダニティは、まず女性たち

あとがき

敬愛する蓮實重彥氏との個人的な交流の縁は、いまは亡き蓮實氏の愛息重臣さんとの会合から始まった。彼はわたしのモダン・ジャズについての論述――特にギル・エヴァンスとクロード・ソーンヒルについて的確な紹介文を執筆してくれた才ある音楽家であった。本書の上梓にあたり感謝の念を表したい。あわせて、本書の編集を担当された常田カオルさんと吉住唯さん、島田和俊さん、並びにすべての関係者の方々に謝意を捧げたい。

二〇二〇年十月

瀬川昌久

瀬川昌久（せがわ・まさひさ）

一九二四年東京生まれ。少年時よりジャズを愛好し、一九五〇年代ビジネスでニューヨークに滞在中チャーリー・パーカーやギル・エヴァンスに接してその研究に努む。帰国後、ジャズ、レヴュー、ミュージカルなどの企画・評論に従事。現在、社団法人日本ポピュラー音楽協会名誉会長、月刊誌『ミュージカル』編集人。著書に『ジャズで踊って〜舶来音楽芸能史』（清流出版）、『ジャズに情熱をかけた男たち―ブルーコーツ70年の歩み』（長崎出版）、『日本ジャズの誕生』（大谷能生と共著）（青土社）『瀬川昌久自選著作集　チャーリー・パーカーとビッグ・バンドと私　1954 – 2014』（河出書房新社）。永年にわたるジャズ音楽とミュージカル普及の功績により、文化庁長官賞を受賞。

蓮實重彦（はすみ・しげひこ）

一九三六年東京生まれ。仏文学者、映画批評家。一九九七年から二〇〇一年まで東京大学総長。映画・文芸批評から創作まで幅広く精力的に活躍。八五年雑誌『リュミエール』創刊編集長、七七年『反＝日本語論』（筑摩書房）で読売文学賞、八三年『凡庸な芸術家の肖像（マキシム・デュ・カン論）』（青土社）で芸術選奨文部大臣賞、『監督　小津安二郎』（筑摩書房）で映画書翻訳最高賞、『伯爵夫人』（新潮社）で三島賞受賞をそれぞれ受賞。ほかの主な著書に、『赤の誘惑――フィクション論序説』『随想』（以上、新潮社）、『「ボヴァリー夫人」論』（筑摩書房）、『陥没地帯／オペラ・オペラシオネル』（河出書房新社）、『批評あるいは仮死の祭典』（せりか書房）、『物語批判序説』（講談社）など数多。一九九九年、フランス政府より芸術文化コマンドゥール勲章受章。

画像協力＝シネマヴェーラ渋谷／下村健（日本映画研究者）／谷川真紀子

アメリカから遠く離れて

二〇二〇年一一月二〇日　初版印刷
二〇二〇年一一月三〇日　初版発行

著　　者＝瀬川昌久／蓮實重彦
編　　集＝常田カオル
装　　幀＝佐々木暁
発 行 者＝小野寺優
発 行 所＝株式会社河出書房新社
〒一五一-〇〇五一　東京都渋谷区千駄ヶ谷二-三二-二
電話＝〇三-三四〇四-一二〇一（営業）
〇三-三四〇四-八六一一（編集）
http://www.kawade.co.jp/

組　　版＝株式会社創都
印　　刷＝株式会社亨有堂印刷所
製　　本＝大口製本印刷株式会社

Printed in Japan　ISBN978-4-309-29110-9